U0479752

新时代之问

关于中华民族现代文明的答问

中国社会科学院哲学研究所

周丹 | 著

中央党校出版集团
国家行政学院出版社
NATIONAL ACADEMY OF GOVERNANCE PRESS

图书在版编目（CIP）数据

关于中华民族现代文明的答问 / 周丹著 . —北京：国家行政学院出版社，2023.9
ISBN 978-7-5150-2763-0

Ⅰ.①关… Ⅱ.①周… Ⅲ.①中华文化—研究 Ⅳ.① K203

中国国家版本馆 CIP 数据核字 (2023) 第 164476 号

书　　名	关于中华民族现代文明的答问 GUANYU ZHONGHUA MINZU XIANDAI WENMING DE DAWEN
作　　者	周　丹　著
统筹策划	陈　科
责任编辑	刘韫劼
出版发行	国家行政学院出版社 （北京市海淀区长春桥路 6 号　100089）
综 合 办	（010）68928887
发 行 部	（010）68928866
经　　销	新华书店
印　　刷	北京盛通印刷股份有限公司
版　　次	2023 年 9 月北京第 1 版
印　　次	2023 年 9 月北京第 1 次印刷
开　　本	155 毫米 ×230 毫米　16 开
印　　张	8.5
字　　数	74 千字
定　　价	30.00 元

本书如有印装问题，可联系调换，联系电话：（010）68929022

在新的起点上继续推动文化繁荣、建设文化强国、建设中华民族现代文明,是我们在新时代新的文化使命。

——习近平《在文化传承发展座谈会上的讲话》(2023年6月2日)

出版说明

党的十八大以来,中国特色社会主义进入新时代,开启新征程。诚如马克思所指出的,"问题就是时代的口号,是它表现自己精神状态的最实际的呼声",新时代就要解决新问题。

为回应新时代背景下广大党员、干部、群众特别关心、迫切需要解答的现实问题,我社特推出"新时代之问"系列答问读物,邀请相关领域权威专家学者,针对党的十八大以来我国在经济、政治、文化、社会、生态等领域重大问题进行专题解答。"新时代之问"系列秉承解决真问题、真解决问题的初衷,力求其提出的问题和分析解答有助于

新时代之问

广大党员、干部深刻领会把握习近平新时代中国特色社会主义思想的精神实质、核心要义、丰富内涵和实践要求,把学习成果转化为推动工作的强大动力和生动实践。为实现社会主义现代化强国目标和中华民族伟大复兴凝心聚力!

前　言

2022年10月28日，习近平总书记在考察河南安阳殷墟遗址时首次提出"中华民族现代文明"这一概念。2023年6月2日，习近平总书记考察中国历史研究院，出席文化传承发展座谈会并发表重要讲话，明确提出"在新的起点上继续推动文化繁荣、建设文化强国、建设中华民族现代文明，是我们在新时代新的文化使命"。习近平总书记在文化传承发展座谈会上的重要讲话是"一篇闪耀着马克思主义真理光芒、充盈着中华文化独特气韵的光辉文献"。"建设中华民族现代文明"在理论界、学术界以及社会各界产生热烈反响。改革开放以来，特别是新时代以来，人民文化实践深入开展，新文艺、新学术、新史学、新民俗、新传媒等新文化蓬勃发展，我国文化建设取得历史性成就。建设中华民族现代文明，是历史的必然，是时代的要求，是人民的选择。

那么，如何理解和把握中华民族现代文明？如何担负起新时代新的文化使命、建设中华民族现代文明？这是值得我们深入研究阐释的。习近平总书记在文化传承发展座谈会上的重要讲话为我们提供了科学指南，同时也提出了一系列新思想新观点新论断，亟须我们领会和贯彻。譬如，系统概括了中华文明具有的五大突出特性，即连续性、创新性、统一性、包容性、和平性，并且每一个突出特性都有"根本所指"。就连续性来说，"从根本上决定了中华民族必然走自己的路"；就创新性来说，"从根本上决定了中华民族守正不守旧、尊古不复古的进取精神，决定了中华民族不惧新挑战、勇于接受新事物的无畏品格"；等等。再如，首次提出"两个结合"是开辟和发展中国特色社会主义的必由之路，这是继党的二十大提出全党必须牢记"五个必由之路"之后新的理论创新，是"第六个必由之路"，并且明确指出"'两个结合'是我们取得成功的最大法宝"，中国特色的关键就在于"两个结合"。又如，突出强调"第二个结合"的重大意义，首次提出"中国式现代化的文化形态""中华文明的现代形态""新的文化生命体"等原创性概念，明确提出"'结合'巩固了文化主体性"，创立习近平新时代中国特色社会主义思想就是这一文化主体性的最有力体现。首次对文化建设的规律性认识作出"十四个强调"的系统性概括，明确提出"新的文化使命"。

"文明"最早见于《周易》："见龙在田，天下文明。"唐朝经学家孔颖达释："天下文明者，阳气在田，始生万物，故天下有文章而光明也。"又疏："经天纬地曰文，照临四方曰明。"所谓"文"，与"质"是相对的，文明意味着告别野蛮、蒙昧，意味着后天教化、以文化人，"观乎人文，以化成天下"。中华文明作为一个生命体，拥有吐故纳新、新陈代谢和自我更化、自我革新的能力。正如习近平总书记强调的："如果不从源远流长的历史连续性来认识中国，就不可能理解古代中国，也不可能理解现代中国，更不可能理解未来中国。"中华民族现代文明，不是古老中华文明的推倒重来，不是断裂的，而是连续的。它是中华民族古老文明的连续生长，是中华文明的现代形态。

那么，中华文明何以现代？坚持马克思主义基本原理同中国具体实际相结合、同中华优秀传统文化相结合，特别是"第二个结合"提供了科学解答。马克思主义和中华优秀传统文化相互契合、双向奔赴，马克思主义以真理之光激活了中华文明基因，中华优秀传统文化充实了马克思主义的文化生命。"第二个结合"让马克思主义成为中国的，中华优秀传统文化成为现代的，让经由"结合"而形成的新文化成为中国式现代化的文化形态。一方面，文明是一切创造性活动成果的总和。我们坚持和发展中国特色社会主义，推动物质文明、政治文明、精神文明、社会文明、生态文明协调发展，这构成中华民族现代文明的基本内容。另一方面，文化建设是正在发展的文明，中国式现代化的文化形态是中国特色社会主义文化建设的成果，同时也蕴含在物质文明、政治文明、精神文明、社会文明、生态文明当中。

立足新时代十年文化建设开创的新局面，以高度自觉的文化主体性和文明精神，坚定文化自信、秉持开放包容、坚持守正创新，努力创造属于我们这个时代的新文化，努力建设中华民族现代文明。

本书系笔者承担的国家社会科学基金重点项目"中国式现代化道路的哲学研究"（编号22AZX003）、国家社会科学基金重大项目"中国式现代化的中国特色和本质要求的哲学研究"（编号23ZDA011）的阶段性成果。笔者在写作过程中参考了部分学者的观点，中央党校出版集团国家行政学院出版社为本书的出版给予了大力支持，在此一并表示诚挚的感谢！

目 录

01 / **第一个问题**
　　如何理解中华民族现代文明

06 / **第二个问题**
　　如何理解中华文明的连续性

12 / **第三个问题**
　　如何理解中华文明的创新性

19 / **第四个问题**
　　如何理解中华文明的统一性

25 / **第五个问题**
　　如何理解中华文明的包容性

30 / **第六个问题**
如何理解中华文明的和平性

35 / **第七个问题**
如何理解中华文明的五大突出特性是一个有机整体

44 / **第八个问题**
如何理解"两个结合"是"第六个必由之路"

54 / **第九个问题**
如何从总体上理解"第二个结合"

60 / **第十个问题**
如何理解马克思主义和中华优秀传统文化彼此契合

74 / **第十一个问题**
如何从"第二个结合"理解共产党人的"心学"

80 / **第十二个问题**
如何理解中国式现代化的文化形态

84 / **第十三个问题**
如何理解文化主体性

97 / **第十四个问题**
如何理解"中华民族文化主体性的最有力体现"

102 / **第十五个问题**
如何理解新时代关于文化建设的规律性认识

109 / **第十六个问题**
如何理解坚定文化自信

114 / **第十七个问题**
如何理解秉持开放包容

118 / **第十八个问题**
如何理解坚持守正创新

第一个问题

如何理解中华民族现代文明

文化关乎国本、国运，文化兴则国运兴，文化强则民族强。习近平总书记在文化传承发展座谈会上明确提出"建设中华民族现代文明"要求，明确指出"推动文化繁荣、建设文化强国、建设中华民族现代文明"是新时代新的文化使命。① 为了更好地自觉肩负起这一新时代新的文化使命，我们有必要对"中华民族现代文明"概念有一个准确把握。

党的百年奋斗史，既是中华民族复兴的历史，也是中华文明更新的历史，不仅取得了革命、建设、改革的伟大胜利，从根本上改变了中国人民被欺负、被压迫、被奴役的命运，而且开辟和拓展了中国式现代化，创造了人类

---

① 参见《担负起新的文化使命　努力建设中华民族现代文明》，《人民日报》2023年6月3日。

文明新形态。党的十八大以来，党中央在领导党和人民推进治国理政的实践中，把文化建设摆在全局工作的重要位置，社会主义文化强国建设不断取得新成就，推进和拓展了中华民族现代文明，深刻影响了世界文明格局和人类文明走向。中华民族现代文明，是中国共产党领导的社会主义性质的现代文明；是植根中华优秀传统文化、具有中华文化主体性的文明，是中华文明的现代形态；是物质文明、政治文明、精神文明、社会文明、生态文明相协调，促进人的全面发展和社会全面进步的文明；是吸收人类一切优秀文明成果，推动构建人类命运共同体的文明。①

第一，中华民族现代文明是中国共产党领导的社会主义性质的现代文明。办好中国的事情，关键在党，中国共产党领导是中国特色社会主义最本质的特征。建设中华民族现代文明，必须坚持中国特色社会主义文化发展道路。中国共产党领导、马克思主义在意识形态领域指导、社会主义文化强国建设，三者内在一致，作为根本前提和根本保障，共同决定形成了中华民族现代文明。什么是文明？文明是人类社会进化的一种状态、程度和水平。文明是人类社会特有的发展样态，用来描述特定历史阶段的进步状

---

① 参见中共中国社会科学院党组《建设中华民族现代文明的行动指南》，《人民日报》2023年6月14日。

态，也用来把握人类历史从低级向高级的进步过程。历史唯物主义从实践的、历史的角度考察文明及其发展过程，揭示出文明的本质及其在认识世界和改造世界中的作用。①中华民族现代文明既是社会主义的，也是现代的。从根本上说，中华民族现代文明的社会主义性质决定其现代属性。从人类社会历史发展看，现代文明以资本主义文明为开端和典型形态，社会主义文明是对资本主义文明的扬弃和超越。中华民族现代文明引领现代文明发展，引领人类文明发展方向。

第二，中华民族现代文明是植根中华优秀传统文化、具有中华文化主体性的文明，是中华文明的现代形态。中华文明有源有流，关键在于中华文化有根有脉。中华民族具有百万年的人类史、一万年的文化史、五千多年的文明史。中华文明是世界上唯一绵延不断且以国家形态发展至今的伟大文明。当代中国既是历史中国的飞跃，也是历史中国的延续。所谓"飞跃"，表明从"传统"走向"现代"；所谓"延续"，表明"传统中国"和"现代中国"是同一个主体，即中华民族。中华民族现代文明是有"我"的现代文明，这个"我"是确立了文化主体性的"我"，

---

① 关于"文明"的理解，得益于王伟光教授在其主编的《辩证唯物主义历史唯物主义新编》中对相关内容的阐述。

是从五千多年中华文明史中走出来的"我"。中华民族现代文明是赓续古老文明的现代文明，不是消灭古老文明的现代文明；是从中华优秀传统文化生长出来的现代文明，不是从其他什么地方生长、嫁接的现代文明；是文明更新的结果，不是文明断裂的产物。因此，中华民族现代文明是中华文明的现代形态。

第三，中华民族现代文明是物质文明、政治文明、精神文明、社会文明、生态文明相协调，促进人的全面发展和社会全面进步的文明。文明是人类所创造的物质财富和精神财富的总和，中国式现代化赋予中华文明以现代力量，推动中华文明重焕荣光。新时代以来，我们坚持和发展中国特色社会主义，推动物质文明、政治文明、精神文明、社会文明、生态文明协调发展，推进和拓展了中国式现代化，实现了中华民族的现代文明转型。从中国式现代化的本质要求看，中华民族现代文明要求实现高质量发展，发展全过程人民民主，丰富人民精神世界，实现全体人民共同富裕，促进人与自然和谐共生，是"五大文明"协调发展的文明。人是实现现代化的主体，现代化的本质是人的现代化。以中国式现代化为实践路径的中华民族现代文明，坚持把实现人民对美好生活的向往作为出发点和落脚点，坚持以人民为中心的发展思想，让现代文明成果更多更公平惠及全体人民，进而实现人的全面发展和社会全面进步。

第四，中华民族现代文明是吸收人类一切优秀文明成果，推动构建人类命运共同体的文明。中华文明是常新的，始终抱有开放包容的胸怀。近代以来，中华民族之所以能够从民族危亡走向民族复兴，中华文明之所以能够从传统走向现代，根本原因就在于马克思主义基本原理同中国具体实际相结合、同中华优秀传统文化相结合，特别是"第二个结合"让马克思主义成为中国的，中华优秀传统文化成为现代的，让经由"结合"而形成的新文化成为中国式现代化的文化形态。面对世界百年未有之大变局，我们坚持不忘本来、吸收外来、面向未来，不仅着眼于中华民族的前途命运，而且着眼于全人类的前途命运，学习借鉴人类创造的一切优秀文明成果。中华民族现代文明既是为人民谋幸福、为民族谋复兴的文明，也是为人类谋进步、为世界谋大同的文明。

第二个问题

如何理解中华文明的连续性①

中华文明具有突出的连续性。中华文明源远流长，是世界上唯一绵延不断且以国家形态发展至今的伟大文明，创造了人类文明史上的伟大奇迹。中国是世界公认的人类发源地和文明发祥地之一，距今一百七十万至五十万年前，元谋人、蓝田人、周口店人就在这片富饶广袤的土地上繁衍生息。大量现代考古成果证实了我国百万年的人类史、一万年的文化史、五千多年的文明史。从一万年前中华大地农耕起源造就的"满天星斗"式聚落社群，到五千至四千多年前激荡融合而成的良渚文化、陶寺文化、石峁文化等区域文明，从距今四千至三千年前后淬炼升华出的二里头文化、商文化、周文化等王朝文明，到秦朝缔造

---

① 感谢笔者读博士研究生时的同门刘雄伟教授提供学术思想支持，他曾在吉林大学历史系学习、工作。

开启的统一多民族国家，从汉唐气象、宋元韵致到明清风华，历史向我们昭示，中华文明源远流长、光焰不息、传承有序。

自距今七八百万年的腊玛古猿到大约一百七十万年以前的元谋人这个漫长的时代，是迄今我们所知道的在中国这块土地上人类形成的时期。在这一时期，一部分历史还属于自然史，人类的体质正在从动物界中分离出来。从距今大约二百万年到大约五千五百年，中华大地上先民生产工具的发展先后经历了旧石器时代和新石器时代。中华文明产生的具体时间可以追溯到距今五千多年的新石器时代晚期，它对应于历史记载中的"五帝"时代早期。苏秉琦先生认为，我国分为六大考古学文化区系，"距今六千年到四五千年间中华大地如满天星斗的诸文明火花"，并非传统的"中心－边缘"文化起源格局认知。他举例说，以玫瑰花图案彩陶为主要特征因素的仰韶文化庙底沟类型，与以龙鳞纹图案彩陶为主要特征因素的红山文化，这两种不同文化传统的南北结合，是花（华）与龙的结合，这也是中国人被称为华人、龙的传人的由来。仰韶文化后期，随着生产力的提高和社会分工的产生，出现了不少大型聚落抑或早期城市。同时期长江中下游一带的良渚文化，也出现了类似规模的早期城市。尤其引人注目的是，与良渚文化相邻的文化还出现了与后来汉字一脉相承的早期文字。就具体的考古发现而言,浙江良渚古城、陕西石峁古城和山西陶寺古城,以及连同这些古遗址出土的石器、玉器和陶具,再加上一些早期的文字符号,都表明我们的先民此时已经迈入早期文明阶段。

从大约公元前2070年到公元前1600年,当世界上绝大多数地区还未进入文明时代的时候,夏王朝已经存在。与此前的历史时期相比,夏王朝的建立标志着中华文明已经在黄河中下游一带形成了一个具有内聚力的文明运动中心。商是继夏之后兴起的另一个王朝,此时,中华文明在青铜器制作、文字的使用和城市的建设等方面都取得了巨大的进步。另外,商王朝的疆域也获得了空前的扩大。西周王朝承接夏、商两代一千余年的文明积累,将我国上古文明的发展推向了鼎盛。无论是表象的历史发展,还是深层的制度演进和思想文化的变革,周王朝都有集三代之大成的气象。孔子"周监于二代,郁郁乎文哉!吾从周"的论断表明,周代所取得的成就,在春秋时期就已经获得了公认。公元前770年,犬戎的入侵迫使周平王把京城东迁成周,标志着中华文明的历史进入东周时期。不过,这个历史变动只是意味着周王朝中央王权的削弱,而不是中华文明的衰落,接下来的中华文明的历史恰恰是一个多元的、充满竞争因而又充满创造性的发展时期。在这一时期，中华文明在精神境界上日趋成熟，并为一个崭新的历史时代的开启奠定了坚实的物质和精神基础。东周的历史，又可以划分为春秋和战国两个时期，前期的历史主题是诸侯争霸，后期的历史主题则是大国兼并及全国逐渐走向统一。这里尤其需要提及的是战国这一大变革的时代。随着生产力的显著提高，这一时期的社会生产方式、社会组织关系、国家政治制度、社会意识形态，乃至普通人的日常生活，都发生了翻天覆地的变化，并由此确定了秦汉以后社会的基本性质和发展方向。

以公元前221年秦的统一为标志，中华文明进入了更大规模的发展时期，这个时期持续到公元3世纪初汉王朝的没落。与之前的历史时代相比，这一时期的突出特征是中国帝制统治时代的正式展开，以及在抵御周边游牧民族内扰的过程中对疆域的拓展。秦汉之后，中国历史进入魏晋南北朝时期。魏晋南北朝时期既是我国历史上的一个动荡时期，又是我国历史上最富有活力的一个时期。一方面，汉族封建政权的衰落，使得社会意识形态及知识分子的精神文化生活获得了较为自由的发展空间；另一方面，周边少数民族大量进入中原以及汉族对南方地方的深入开发，都在客观上促成了各民族之间的大融合。不同文化因子的交流、碰撞和吸纳，为中华文明的进一步发展创造了优良条件。这也是隋唐王朝在结束分裂局面之后不久就能创造出高度社会繁荣的历史前提。

在民族大发展大融合的基础上，北方的隋于589年统一全国。从隋到唐，是中华文明重新进入统一的国家帝制统治状态从而实现新的社会发展和文化整合的重要时期。这次重建的大一统国家覆盖了比秦汉时期更为广阔的区域和构成更为复杂的人口，隋唐时期的中国是一个极其开放的多民族国家。隋唐以后的中华文明在国家制度、社会生活和精神文化等方面都呈现出更为鲜明的继承性和连续性。从907年唐王朝结束到1279年南宋被元朝灭亡，中国大地上多个政权交错兴废，历经三百七十余年，合之谓辽、五代、十国、宋、夏、金时期。这一时期的中华文明，前承汉唐，后启明清，不仅有以两宋为代表的高度物质文明和精神文明的繁荣发展，而且兴起于周边的少数民族同样处于创造性的发展势态，在中华文明整体进步的背景下呈现出多元繁荣的局面。

1279年，蒙古族建立的元朝统一中国，由此，中国历史进入元明清时期。从文明特征角度来看，此时中华文明还继续着文学艺术和政治国家的与上古一脉相承的传统，并在继续着内聚发展运动。元明清时期是中国封建社会的最后一个重要时期，此时，中国社会内部呈现出社会组织结构发生根本变化的迹象，出现了对整个中国传统文明进行重新反思和审视的苗头，并且实现了对古代经典学术系统的大规模整理。可以说，在这个孕育整体结构性变化的时代，以儒学为主导的学术思想经历了理学、心学、实学、朴学的曲折转变，闪烁出因时而变的积极倾向，对中华文明的文化精髓进行了系统性的总结和创造性的转化。

五千多年的中华文明为何能够传承不断、绵延不绝？中国历史的连续性、中华民族的生命力，就源自中华文化的主体性、中华文明的内生性。看似是世界文明的特例，实则是历史发展的必然。习近平总书记明确指出："中华文明具有突出的连续性，从根本上决定了中华民族必然走自己的路。"[1] 中华文明有源有流，中华文化有根有脉；古代中国和现代中国一以贯之、一脉相承。只有从源远流长的历史连续性来认识中国，才能理解古代中国，也才能更好理解现代中国和未来中国。

---

[1] 《担负起新的文化使命　努力建设中华民族现代文明》，《人民日报》2023年6月3日。

第三个问题

如何理解中华文明的创新性

中华文明具有突出的创新性。《易经》开篇就讲"天行健,君子以自强不息"。《礼记·大学》中有"汤之盘铭曰:'苟日新,日日新,又日新。'"在数千年的历史演变中,中华文明感时而变、因势而新,既重视在赓续中积淀,又善于在传承中发展。中华文明是革故鼎新、辉光日新的文明,静水流深与波澜壮阔交织。这一突出特性在中国思想史的演变中得到了淋漓尽致的反映。

1. 三代王官之学。王官之学是指周代贵族等级制社会中的主流学术文化,是中国古代政治、哲学、道德伦理、宗教思想的源头。中国职官制度要追溯到夏商周三代,早期职官巫觋被认为拥有神秘能力,能够与神灵直接对话,王官之学最早就起源于原始宗教祭祀。夏朝作为中国历史上的第一个王朝,刚确立国家机构,职官体系还不够完善，职官的功能是一个大综合，巫觋往往就是统治阶级的核心成员，政治职能与经济、文化、军事等职能相互杂糅。商朝在夏朝的基础上，建立了较为完整的国家体制和政治制度，并且有了比较成熟系统的文字，大量的甲骨卜辞和青铜器铭文可以作为佐证。周朝的政治制度和职官体系在商朝的基础上更加完善，西周按照国家的不同政务设有"卿事寮"和"太史寮"，合称"六卿"，共同掌管国家政务。总的来看，夏商周三代王权与神权紧密结合，王官之学主要通过贵族世家进行传承，服从于、服务于王权统治。《诗》《书》《礼》《乐》《易》《春秋》六经源自王官之学，奠定了中华文明的初基。

2. 先秦子学。春秋战国时期，中国的社会制度出现重大转变，西周以来的贵族等级制遭到破坏，君主专制官僚体制产生，社会第一次打破阶级壁垒，形成上下流动的机制，在思想观念上亦发生了从王官之学到诸子之学的重大变化。从世界文明演进看，几乎在同一时期，中国、印度、古希腊等地方同步出现了关于"人"的精神生命的终极觉醒，代表性人物分别是孔子（公元前551年至公元前479年）、释迦牟尼（公元前565年至公元前485年）、苏格拉底（公元前469年，一说公元前470年至公元前399年）。这一时期被雅斯贝尔斯称为"轴心时代"，我国的思想文化空前繁盛，以孔子、孟子、荀子为代表的儒家，以老子、庄子、列子为代表的道家，以孙武、孙膑为代表的兵家，以墨子为代表的墨家，以管仲、韩非为代表的法家，以惠施、公孙龙为代表的名家，以邹衍为代表的阴阳家，以鬼谷子、苏秦、张仪为代表的纵横家，以吕不韦为代表的杂家，等等，可谓群星璀璨，百家争鸣。

3. 两汉经学。公元前221年秦朝建立统一的多民族国家，中国历史进入一个新的发展阶段，由西周的宗法分封制转向以郡县制为主要行政结构的中央集权专制制度。两汉时期，思想文化经历了一个从黄老之学占支配地位到罢黜百家、独尊儒术的复杂过程。汉代儒学有其独特的存在形式，这就是经学。汉代经学主要有两大派别——今文经学和古文经学。两汉时期立于官学的是今文经学，注重儒家经典的"微言大义"和思想义理。古文经学主要流行于东汉时期，注重史实，注重文字训诂，强调儒家伦理道德的重要性。汉代经学的确立，标志着儒学从先秦的民间学派成为官方哲学，不仅是占统治地位的意识形态，而且深入人心，深刻影响着中华民族的民族性格。①

4. 魏晋玄学。魏晋南北朝是中国历史上一次重要的民

---

① 参见刘文英主编《中国哲学史》，南开大学出版社2002年版，第223—225页。

族大融合和文化大交流的时期。汉代儒学奉五经为圭臬，逐渐导致思想僵化，其衰亡也就成了必然。东汉末期，儒家思想逐渐被玄学所替代。玄学的兴起，也构成了魏晋南北朝时期最为重要的文化现象。何谓玄学？它是魏晋时期以老庄思想为基本构架而兼蓄儒道的哲学思潮。魏晋玄学从"本体"和"境界"两个维度推进了中国哲学的发展，并且在中国哲学史上第一次将儒家的基本价值系统与道家的基本价值系统在齐一的形式下整合在同一个哲学命题中，提出"名教即自然"的命题。从王弼"以老释孔"到郭象提出"万物独化于玄冥之境"，代表了玄学融合儒道的主流传统。①

5. 隋唐佛学。隋唐时期是中国古代封建社会最为繁荣的时期。唐朝出现著名的"贞观之治"和"开元之治"，国都长安不但是东亚的政治、经济、文化中心，而且通过丝绸之路影响中亚和欧洲。盛唐文化气势恢宏，开放包容。印度来的佛教文化，广泛传播；中亚来的伊斯兰文化，也在许多地方驻足；同时中国传统文化在东亚广泛传播，也影响南亚和中亚地区。隋唐时期，儒、道、佛三大思潮并存，既有互黜，又有互动；既有斗争，又有融

---

① 参见刘文英主编《中国哲学史》，南开大学出版社2002年版，第303—305页。

合，三家此消彼长，没有任何一家处于独尊的地位。西汉末年，佛教传入中国，起先依附于玄学，在隋唐时期达至鼎盛，具体包括以玄奘为代表的唯识宗、以吉藏为代表的三论宗、以智𫖮为代表的天台宗、以法藏为代表的华严宗、以慧能为代表的禅宗等派别。这其中，除唯识宗固守印度大乘有宗的基本教义外，其他派别则在理论上强调中国化，特别是禅宗除在形式上还保留印度佛教的禅定修行外，其心性修养的思想内容则完全中国化了。[①]

6. 宋明理学。宋朝一方面结束了晚唐以来近百年的分裂割据局面，另一方面北方民族南侵的压力始终存在。基于时局环境的变化和社会政治发展的需要，一场盛况空前的儒学复兴运动兴起，宋明新儒学诞生。因为宋明新儒学以"理"为最高范畴，所以通称宋明理学。理本论以周敦颐为先驱，由二程定型，朱熹为集大成者；心本论在程颢见端倪，以张九成为先驱，由陆九渊定型，王阳明为集大成者；气本论在胡瑗、李觏见端倪，以王安石为先驱，由张载定型，后经王廷相、陈确等人，王夫之为集大成者。除三大派别外，还有以陈亮、叶适为代表的事功学派，以邵雍、朱震为代表的象数学派等。宋明理学在形式上保持儒

---

① 参见刘文英主编《中国哲学史》，南开大学出版社2002年版，第395—397页。

家经学传统，在思想上反对汉唐经学固守门户师说、专注章句训诂的学风，把重点转移到义理阐发上，因而，无论在广度上还是在深度上，宋明理学都达到了中国哲学思维的最高峰。①

7. 清代朴学。明清之际，宋明理学逐渐走向僵化，空谈性理，故而盛极而衰。一方面为了对理学进行批判和反思，另一方面清朝前期统治者实行思想钳制，朴学兴起。清代朴学，是清朝乾隆、嘉庆年间出现的一种以考据为主要治学内容的学术思潮，这种学术文风朴实简洁，重证据轻义理，因此被称为"朴学"。由于朴学采用的是汉儒训诂考订的方法治学，所以又有"汉学"或"考据学"之称。顾炎武是朴学先驱，阎若璩和胡渭为奠基人，乾嘉学派达至鼎盛。乾嘉学派分为以惠栋为首的吴派、以戴震为首的皖派，后来"扬州学派"对两家皆有所发展。

中国学术思想源深流广，始终守其元而开生面。当然不仅学术思想是这样，农耕生产、典章制度、文学艺术、工匠技艺等亦如此。譬如就文学发展来说，从诗经、楚辞、汉赋，到唐诗、宋词、元曲、明清小说，始终载其道而合乎时。习近平总书记明确指出："中华文明具有突出

---

① 参见刘文英主编《中国哲学史》，南开大学出版社2002年版，第511—514页。

的创新性，从根本上决定了中华民族守正不守旧、尊古不复古的进取精神，决定了中华民族不惧新挑战、勇于接受新事物的无畏品格。"① 正是这种精神和品格，使中华文明始终保持蓬勃向上的生命力、丰沛充盈的创造力，始终保持自我更新、臻于至善的创新能力。

---

① 《担负起新的文化使命　努力建设中华民族现代文明》，《人民日报》2023年6月3日。

第四个问题

如何理解中华文明的统一性

中华文明具有突出的统一性。在中华民族生息繁衍、演变发展的历史长河中,形成了"六合同风、九州共贯、四海一家、多元一体"的大一统传统,形成了多元一体、团结集中的统一性。传统中国以大一统作为根本的政治组织原则,以政治来安顿其他经济社会文化等要素。大一统政治原理与"天下一家"政治理想是内在一致的。大一统的思想体现了中国人对稳定秩序的集体共识,是一种深层的文化心理结构,是一种深刻的文化认同。

据《中华思想通史》研究表明,早在黄帝时期,就有了大一统观念的萌芽。《管子·地数》记载,黄帝提出"吾欲陶天下而以为一家"想法并且付诸实践。黄帝打败炎帝、蚩尤,促进部落融合,"诸侯咸尊轩辕为天子",为大一统思想发展奠定了基础。商周时期,大一统思想逐渐清晰。殷商已经形成了比较辽阔的疆域，西周通过分封制统治天下，广有四方，纲纪天下，实现了空间上、政治上的大一统。《诗经·小雅·北山》曰："普天之下，莫非王土；率土之滨，莫非王臣。"这较为明确地表达了天下观念和大一统思想。周平王东迁后，进入春秋时期，周室衰微，诸侯争霸。孔子曰："天下有道，则礼乐征伐自天子出；天下无道，则礼乐征伐自诸侯出。"他主张拨乱反正，恢复一统。孔子之后，孟子、荀子等继承者对大一统思想进行了丰富和发展。《春秋》相传由孔子整理、编辑而成。战国时期齐国人公羊高撰著《春秋公羊传》，明确提出大一统概念。道家主张以"道"统摄天下，墨家主张"兼爱"，法家主张"以法为教"。这一时期，诸子百家尽管思想各异，但都旨在政治一统，大一统思想成为最大共识。公元前221年，秦始皇灭六国，建立我国历史上第一个统一的多民族的中央集权国家，大一统从政治理念变成现实。①

秦朝虽然存在的时间很短，只有十多个年头，但是对我国的大一统传统影响很大。一是确立了皇权，而非过去的王权，废除了分封制，建立郡县制，形成政治大一统局

---

① 参见王伟光主编《中华思想通史绪论》下册，中国社会科学出版社2020年版，第800—805页。

面；二是统一货币和度量衡，统一文字，"车同轨，书同文"，在经济社会文化等方面实现统一；三是建立起"地东至海暨朝鲜，西至临洮、羌中，南至北向户，北据河为塞，并阴山至辽东"的辽阔统一疆域，形成地理版图大一统格局。汉代儒家大力推崇、倡导大一统的思想和实践，强调天子受命于天，维护统一的皇权统治；提出罢黜百家、独尊儒术，维护统一的思想和意识形态。[①]以董仲舒为代表的汉儒建构起一个囊括宇宙、政治、社会、人生的庞大体系，奠定了大一统传统的文化基础。以《史记》为代表，大一统的历史观得以确立，各族群源出于一、纵横叠加，虽有华夷之分，但四海同源为天下一统和各民族大融合大团结提供了知识支撑。

　　秦汉时期确立的大一统格局，持续影响中国两千多年。它的成功在于继承并创造性发展了三代以来两条主要的大一统政治原理。第一，进一步强化最高权力，中央逐步集权，皇权逐步加强。这深刻改变了三代尤其是战国时期分裂割据的战乱状态。这时，皇帝需要牢牢掌握的构成其至高权威的政治资源，远不止历法技术，而是更为复杂的政治、社会、经济、军事的统治技术。第二，要求作

[①] 参见王伟光主编《中华思想通史绪论》下册，中国社会科学出版社2020年版，第805—807页。

为最高权力的皇权应当施仁于民,维系统治根基的安稳。"施仁"原则是三代"施德"原则的发展。天子施仁,意味着他应当能够与天下人建立亲密相关的政治纽带。天子与民众处于"一体之仁"的命运共同体,因而必须更加清楚"水能载舟,亦能覆舟"的道理。①以儒家为代表(并不限于儒家)的大一统思想在中华民族多元一体格局的进程中不断发展,如朱熹的"正统观",王阳明的"万物一体""天下一家"思想等。儒家大一统思想倡导的"家国天下"情怀是凝聚国家统一、民族团结的重要基石。儒家主张修身、齐家、治国、平天下,强调家国一体、家国同构。几千年来,维护国家统一、促进民族团结始终是中华民族的不懈追求。习近平总书记曾指出:"春秋时期,孔子修订《春秋》,包含'大一统'思想。到了秦汉时期,'大一统'已成为当时政治思想领域的主流。基于这种认识,各族人民都把维护国家统一看作天经地义、义不容辞的神圣使命与责任。尽管在一些历史时期也曾出现过分裂局面,但统一始终是主流。而且不论分裂的时间有多长、分裂的局面有多严重,最终都会重新走向统一。"②这种"向内凝聚"的统一性追求,既是文明连续的前提,也是文明连续

---

① 感谢笔者的同事龙涌霖助理研究员提供学术思想支持。
② 习近平:《领导干部要读点历史》,《学习时报》2011年9月5日。

的结果。

近代思想家虽然批判封建专制统治,但是都推崇和维护疆域一统、民族一统和国家一统。梁启超、杨度等人基于民族一统的理念提出"中华民族"这个概念。1902年,梁启超在其发表的《论中国学术思想变迁之大势》一文中率先使用"中华民族",在1905年发表的《历史上中国民族之观察》一文认为"中华民族自始本非一族,实由多民族混合而成",表明夷夏一家的民族一统立场。1907年,杨度在《金铁主义说》中认为中华民族是一个"文化之族名",提出"五族共和""五族一家"等主张。历史学家顾颉刚曾发表一篇题为《中华民族是一个》的文章,提出中国只存在一个"中华民族"。大一统思想以强大的感召力滋养着中华民族的情感,凝聚着中华民族的人心,强化着中华民族的认同,为中华民族共同体的汇聚和延续源源不断地注入能量,凸显了中华文明的鲜明特色和精神气质。

"天下兴亡,匹夫有责",历代先贤以天下为己任,把国家和民族的利益摆在首位,充分体现了以爱国主义为核心的民族精神。习近平总书记明确指出:"中华文明具有突出的统一性,从根本上决定了中华民族各民族文化融为一体、即使遭遇重大挫折也牢固凝聚,决定了国土不可分、国家不可乱、民族不可散、文明不可断的共同信念，决定了国家统一永远是中国核心利益的核心，决定了一个坚强统一的国家是各族人民的命运所系。"①大一统的观念和文化认同、大一统的国家形态是中华民族世代相传的思想遗产。就国家统一来说，台湾从来就是中国领土不可分割的一部分，台湾问题是中国核心利益的核心。就民族团结来说，铸牢中华民族共同体意识，各民族像石榴籽一样紧紧抱在一起。中华文明的统一性和大一统传统，为维护我国统一的多民族国家、维护国家主权和领土完整、实现中华民族大团结奠定了深厚的历史文化根基。

---

① 《担负起新的文化使命　努力建设中华民族现代文明》，《人民日报》2023年6月3日。

第五个问题

如何理解中华文明的包容性

中华文明具有突出的包容性。一部中华文明史，就是一部不同族群、不同文化的融合发展史。中华文明从来不用单一文化代替多元文化，而是由多元文化汇聚成共同文化，化解冲突，凝聚共识。中华文明既是根植于自身传统的原生文明，也在形成过程中张开双臂，不断吸纳其他文明的优秀成果，形成了开放包容的气度和兼收并蓄的胸怀。

中华民族发展壮大的历史，就是各族人民的多元文化汇聚成共同文化的历史。"夷狄入中国，则中国之；中国入夷狄，则夷狄之。"如果没有道德礼义，那么我们就可以把它看作夷狄；如果有道德礼义，我们就可以把它看作诸夏。中华文化认同超越地域乡土、血缘世系、宗教信仰等，把内部差异极大的广土巨族整合成多元一体的中华民族。我们辽阔的疆域是各民族共同开拓的，我们悠久的历史是各民族共同书写的，我们灿烂的文化是各民族共同创造的，我们伟大的精神是各民族共同培育的。"远人不服，则修文德以来之"充分表达了中华文化向内的自我约束、向外的开放包容，在历史上形成了华夷一体的五方格局。向内的自我约束使我们的文化不会走向侵略殖民、丛林法则，向外敞开的天下观则以"中国旋涡"的文化动力使中华文明的凝聚力越来越强、辐射的范围越来越广。[①]文明和文化就是这样，越包容，就越是得到认同和维护，就越会延绵不断。

"儒门释户道相通，三教从来一祖风"，在五千多年的中华文明史中，各宗教信仰多元并存，同时也丰富、拓展了中华文化。譬如佛教及其中国化就是明证。佛教起源于公元前6世纪至公元前5世纪的古印度，创始人是北天竺迦毗罗卫国王子悉达多·乔达摩。因为他属于释迦族，所以被教徒尊称为"释迦牟尼"，意为释迦族的圣者，又被尊称为"佛"或"佛陀"，意为"觉者"。佛教起初在古印度的北部和中部传播，从公元前3世纪孔雀王朝阿育王时期开始，逐渐在全印度及周边国家传播。西汉末年，佛教传入中国，早期的信奉者主要是少数上层统治者，进入魏晋南北朝时期以后，其对社会的影响不断扩大，隋唐时期，

---

① 感谢笔者的同事胡海忠编辑提供学术思想支持。

儒、道、佛并称三教，三大思潮并立共存。对于中国影响最为深远的佛教乃是"教下三家"（天台宗、华严宗、唯识宗）和"教外别传"（禅宗）。按照梁启超的说法，其中天台宗、华严宗和禅宗几乎没有印度的渊源，完全是中国人的创造；唯识宗虽说有很深的印度传承，但由玄奘及后继者作了重要发挥。故而，当佛教开始在印度衰微并且于13世纪几乎熄灭之时，中国化的佛教却方兴未艾，在很大的范围内传播并产生巨大的辐射力，并贯注到中华文化的种种制作之中，成为中华文明的重要组成部分。①

古代敦煌处于丝绸之路的要冲，被称为"华戎所交，一都会也"。季羡林先生曾说："世界上历史悠久、地域广阔、自成体系、影响深远的文化体系只有四个：中国、印度、希腊、伊斯兰，再没有第五个；而这四个文化体系汇聚的地方只有一个，就是中国的敦煌和新疆地区，再没有第二个。"敦煌作为古代中外交流、融合的窗口，其自身就是中外文明交流互鉴的产物。敦煌莫高窟是世界"四大文明"交汇碰撞的结晶。自366年营建开始，莫高窟已经历了长达1650多年的兴起、废弃、重生的跌宕命运，至今留存的735个洞窟和4.5万平方米壁画、2000余尊彩塑，

---

① 参见吴晓明《马克思主义中国化与新文明类型的可能性》，《哲学研究》2019年第7期。

以及藏经洞出土的5万余件文献和艺术品，刻写了佛教艺术的变迁发展，展示了丝绸之路上多元文明的交流荟萃。可以说，敦煌既承载着中华传统文化的精华，同时也吸收借鉴古印度文明、波斯文明、古希腊文明的优秀成果，生动展现了中华文明开放包容、兼收并蓄的鲜明特色。

几千年来，中国从来没有停下与不同文明相互学习、相互交流、相互借鉴的脚步。张骞凿空西域，开通中西文明交往大道；玄奘不远万里到印度求佛法，《西游记》便是以此为原型创作的小说；郑和七下西洋，促进了中国和亚洲、非洲各国的政治、经济、文化友好交流，传播了中华文明。马克思对中国古代"四大发明"中的火药、指南针、印刷术有一个评价，认为其深刻影响了西方的资产阶级革命和世界文明发展。他说："火药、指南针、印刷术——这是预告资产阶级社会到来的三大发明。火药把骑士阶层炸得粉碎，指南针打开了世界市场并建立了殖民地，而印刷术则变成新教的工具，总的来说变成科学复兴的手段，变成对精神发展创造必要前提的最强大的杠杆。"[①]不仅有佛教中国化，还有"伊儒会通"，利玛窦、汤若望等传教士带来中西文化交流，《四库全书》收录了400多种西学著作。近代以来，中国翻译引进的外国著作数量之巨、种类

---

① 《马克思恩格斯文集》第8卷，人民出版社2009年版，第338页。

之多、国别之广，可称为人类历史上规模最大的文明学习交流之一。

美国学者亨廷顿在20世纪90年代提出"文明冲突论"，产生广泛影响，并且至今仍有市场。正如叶朗先生反驳指出："这种论调基于西方传统观念，着力划清自己和他人的边界，强调一种文明与另一种文明的界限和区别。这种论调认为，一种文明和一个人一样，要自我认识、自我确证，就需要树立一个与自己对立的'他者'。而中华文明的开放性与包容性，为我们观察和思考世界上不同文明之间的关系提供了超越'文明冲突论'的新的眼光和思维框架。"[1]中华文明的包容性，对内集中表现为民族交往交流交融，宗教信仰多元并存；对外集中表现为尊重人类文明的多样性，"各美其美，美人之美，美美与共，天下大同"。习近平总书记明确指出："中华文明具有突出的包容性，从根本上决定了中华民族交往交流交融的历史取向，决定了中国各宗教信仰多元并存的和谐格局，决定了中华文化对世界文明兼收并蓄的开放胸怀。"[2]中华文化集千古之智、采万邦之长；中华文明泽被天下、光耀千秋。

---

[1] 叶朗：《中华文明具有开放包容特质》，《人民日报》2022年7月25日。
[2] 《担负起新的文化使命　努力建设中华民族现代文明》，《人民日报》2023年6月3日。

第六个问题

如何理解中华文明的和平性

中华文明具有突出的和平性。和平、和睦、和谐是中华文明五千多年来一直传承的理念，主张以道德秩序构造一个群己合一的世界，在人己关系中以他人为重。"和"是中华优秀传统文化的重要内核。"和也者，天下之达道也。"五千多年的中华文明之所以历经风雨而从未中断，并且保持旺盛活力，"和"的智慧和力量发挥了重要作用。

"和"的内涵很丰富。习近平总书记指出："中华民族历来是爱好和平的民族。中华文化崇尚和谐，中国'和'文化源远流长，蕴涵着天人合一的宇宙观、协和万邦的国际观、和而不同的社会观、人心和善的道德观。"在宇宙观上，中华文化讲求"天人合一"的境界，董仲舒曰："天人之际，合而为一。"人们要以天道为准则，把握自然宇宙变化的规律，尊重自然、顺应自然、保护自然，融天道与人道为一体，促进人与自然和谐共生。在天下观国际观上，中华文化追求"天下大同""协和万邦"的理想。中华民族爱好和平，崇尚以和为贵，至大无外，至公无私，"亲仁善邻"，坚定站在历史正确的一边、人类文明进步的一边，自觉推动世界和平发展，积极构建人类命运共同体。在社会观上，中华文化秉持"和而不同"的思想，孔子曰："君子和而不同，小人同而不和。"在社会交往中尊重差异、包容多样，在"不同"中寻求"共同"，在多样性中寻求统一。在道德观上，中华文化倡导"人心和善"的理念。中国传统的人格理想是做君子，弘扬仁爱精神，从自身修养上下功夫，养浩然之气，做一个对国家、对民族、对社会有用的人。

天人合一的宇宙观、天下大同的天下观和协和万邦的国际观、和而不同的社会观、人心和善的道德观是内在一致的。譬如，就天人合一和天下大同来说，我们把天人合一限定在人与自然的关系中来讨论，把天下大同限定在群体与群体的关系中来讨论，以示区分。而实际上，就天人合一来说，人若能如此对待自然，那何况对待人呢？同理，就天下大同来说，群体与群体之间若能如此相互对待，又何况对待自然呢？因此，我们也可以说，天人合一不仅是一种对待自然的智慧，而且是一种对待人的智慧；

同理，天下大同不仅是一种天道政治的理想，而且是一种待物待众生的格局。

天人合一，既是本体，又是境界。《孟子·梁惠王上》曰："不违农时，谷不可胜食也；数罟不入洿池，鱼鳖不可胜食也；斧斤以时入山林，材木不可胜用也。谷与鱼鳖不可胜食，材木不可胜用，是使民养生丧死无憾也。养生丧死无憾，王道之始也。"遵守自然规律，顺应自然，合理开发利用资源，人与自然和谐相处，实现可持续发展，这才是安邦定国的王道。荀子也有相同的思想和类似的表述，《荀子·王制》中讲："圣王之制也：草木荣华滋硕之时，则斧斤不入山林，不夭其生，不绝其长也；鼋鼍鱼鳖鳅鳝孕别之时，罔罟毒药不入泽，不夭其生，不绝其长也。"在中国传统哲学中，"天"和"人"不是分开的，无论孟子还是荀子，虽然在讲自然规律，"天"之道，实则在讲圣制王道，"人"之道。习以成"人"，关键在于懂得、遵守、践行天道即人道，不断克服和超越自身的局限性，从而达到天人合一的理想境界。

天下大同是孔子的理想，"四海之内皆兄弟也"。"大同"是"仁"的最终归途，也就是人类最终可达到的理想世界。赵汀阳认为，"以'天下'作为关于政治/经济利益的优先分析单位，从天下去理解世界，也就是要以'世界'作为思考单位去分析问题,超越西方的民族/国家思维方式,就是要以世界责任为己任,创造世界新理念和世界制度"①。天下②概念和天下体系还表明,中国在"被现代化"的过程中,要科学处理古今、中西的关系,认识到"天下"与作为现代国家的"中国"之间的张力。张志强认为,"现代"是一个由西方的强势地位而构成的话语和世界的秩序,中国需要参照这种规范性加以重新定位,更重要的是,中国的现实发生在中国的土壤之上且具有连续性,这种"反现代性"的中国式现代化内在具有一以贯之的文明标准,即"天下"体系及其价值。③天下是天下人的天下,天下人最需要天下大治,所以得天下民心者得天下,民心就是人心,这是天下体系的基本价值原则。天下大同的当代表达就是"构建人类命运共同体"。秉持和平性的中华文明,倡导交通成和,反对隔绝闭塞;倡导共生

---

① 赵汀阳:《天下体系:世界制度哲学导论》,中国人民大学出版社2011年版,第2页。

② 具体来讲,在中国传统文化中,天下具有多重含义。一是地理学意义上的"天底下所有土地",可以看作人类可以居住的整个世界。二是心理学意义上的"民心","得天下"也就是"得民心"。三是伦理学意义上的"四海一家",天下是一种世界制度,是一种群体与群体、社会与社会、国家与国家之间的相处方式。参见赵汀阳《天下体系:世界制度哲学导论》,中国人民大学出版社2011年版,第27—28页。

③ 参见甘阳、汪晖、张志强等《现代中国思想的兴起(下)》,《开放时代》2006年第2期。

并进，反对强人从己；倡导保和太和，反对丛林法则。

习近平总书记明确指出："中华文明具有突出的和平性，从根本上决定了中国始终是世界和平的建设者、全球发展的贡献者、国际秩序的维护者，决定了中国不断追求文明交流互鉴而不搞文化霸权，决定了中国不会把自己的价值观念与政治体制强加于人，决定了中国坚持合作、不搞对抗，决不搞'党同伐异'的小圈子。"① 我们始终以世界眼光关注人类前途命运，坚持开放、不搞封闭，坚持互利共赢、不搞零和博弈，坚持主持公道、伸张正义。世界上有200多个国家和地区、2500多个民族，不同的历史和国情，不同的民族和习俗，孕育了不同文明。"一枝独秀不是春，百花齐放春满园。"我们积极推动构建新型国际关系，真诚呼吁世界各国弘扬和平、发展、公平、正义、民主、自由的全人类共同价值，促进各国人民相知相亲，尊重世界文明多样性，以文明交流超越文明隔阂、文明互鉴超越文明冲突、文明共存超越文明优越，共同应对各种全球性挑战，积极构建人类命运共同体，推动建设更加美好的世界。

---

① 《担负起新的文化使命 努力建设中华民族现代文明》，《人民日报》2023年6月3日。

第七个问题

如何理解中华文明的五大突出特性是一个有机整体

在文化传承发展座谈会上，习近平总书记以深邃的历史视野、宏阔的世界眼光、高远的文明情怀，从中华优秀传统文化的内在机理和重要元素中，全面系统总结出中华文明所具有的连续性、创新性、统一性、包容性、和平性等五大突出特性，深刻揭示了中华文明发展的本质规律，深刻阐明了中华民族的文化基因所在、精神命脉所系、价值追求所向，为我们更好担负起新时代新的文化使命，努力建设中华民族现代文明提供了科学指南。中华文明的五大突出特性是一个内在统一的有机整体。

第一，中华文明的连续性是基础，决定了中华民族必然走自己的路。正是因为具有突出的连续性，中华文明的创新性、统一性、包容性、和平性才有可靠的前提。

英国历史学家汤因比在其代表作《历史研究》中概括总结了人类历史的21个成熟文明——埃及、安第斯、(古代)中国、米诺斯、苏美尔、玛雅、尤卡坦、墨西哥、赫梯、叙利亚、巴比伦、伊朗、阿拉伯、(远东主体)中国、日本-朝鲜、印度、印度教、希腊、东正教、俄罗斯、西方,其中就包括原生性的古代中国和衍生性的中国两个文明。① 尽管他在书中给出了详尽的阐述,但是无论怎样都掩盖不了所谓"两个中国"的论断。这背后的原因固然很复杂,但有一点是确定的,汤因比并未充分认识到中华文明所具有的突出的连续性。如果不能从历史连续性来认识中国,就不可能理解古代中国,也不可能理解现代中国,更不可能理解未来中国。

实际上,在所有文明古国中,中华文明是唯一绵延不绝、从未中断的以国家形态发展至今的伟大文明。中华文明自诞生以来,就拥有确定无疑的文化主体性和文明自觉性,在五千多年的历史演进中,尽管时常遭受挫折、遭遇阻击,但是总能化危为机、自我更新,中华民族历经千难万险而不断复兴。中华文明的连续性,从根本上决定了中华民族必然走自己的路;中国共产党的奋斗历程表明,只

---

① 参见汤因比《历史研究》,萨默维尔编,郭小凌等译,上海世纪出版集团2010年版,第36、560页。

有走自己的路，我们的事业才有前途和希望。皮之不存，毛将焉附。如果离开了中华文明的连续性，如果中华文明和中华民族这一主体名存实亡，那么中华文明的创新性、统一性、包容性、和平性还有什么意义？主词的变化，必然是根本性断裂，中华也就不再是"中华"了。很显然，这既不符合历史的逻辑，也不符合价值的逻辑。中华文明和中华民族从过去而来，向将来而去。

第二，中华文明的创新性是动力，决定了中华民族守正不守旧、尊古不复古，不惧新挑战、勇于接受新事物的精神品格。正是因为具有突出的创新性，中华文明才能够保持连续性。

人们常说中华文明源远流长、博大精深，我想还要加上一个词——"历久弥新"。连续不是停滞、更不是僵化，而是以创新为支撑的历史进步过程。"问渠那得清如许，为有源头活水来"，中华文明是一汪清泉，而不是一潭死水。从马克思主义的人类社会历史演进"五形态"看，中华文明经历原始社会、奴隶社会、封建社会、半殖民地半封建社会、社会主义社会等多个阶段，并且在这一过程中，中华民族始终以"苟日新，日日新，又日新"的精神不断创造自己的物质文明、精神文明和政治文明，在很长的历史时期内作为最繁荣最强大的文明体屹立于世。中华文明所具有的文明力量,既是中华民族与不同社会形态、不同社会制度相适应的内在原因,又是中华民族持续推动人类文明形态变革、社会制度更新的内在原因。唯有创新,才能为中华文明的自我更新提供不竭动力。

第三,中华文明的统一性是核心,决定了中华民族各民族文化融为一体,国家统一永远是中国核心利益的核心。正是因为具有突出的统一性,中华文明的连续性、创新性、包容性、和平性才有牢固的根基。

中国自古以来就是一个地域辽阔、人口众多的大国。朴素地看,统一性对这样一个大国而言,已经是极为重要的了。幸运的是,中华文明长期的"大一统"传统,形成了多元一体、团结集中的统一性。如果没有这种统一性,国家四分五裂、老百姓一盘散沙,想要实现文明的连续性、创新性、包容性、和平性,是难以做到、难以维系的。中华优秀传统政治思想主要是大一统国家政治观念。秦汉时期,建立大一统国家政权,并且丰富和成熟了大一统政治理念。之后的两千多年中,尽管也出现过多个政权并立的局面,譬如魏晋南北朝时期、五代十国时期,但是大一统理念已经深植于中华民族的心灵之中,建立大一统国家、维护国家统一和民族团结是社会的主流意识。传统中国的一个突出特征是,以大一统为根本的政治组织原则，以政治来安顿其他经济社会文化等要素。与西方的政治和经济相分离不同，在东方尤其是中国，经济活动从来就被定义为国家责任的内在部分，国家把推动经济发展作为己任，同时也从中获得政权统治的合法性。中华文明的统一性和大一统传统，是中华文明从未中断的精神内因，"国家统一永远是中国核心利益的核心"，一个坚强统一的国家是各族人民的命运所系。

第四，中华文明的包容性是保障，决定了中华民族交往交流交融的历史取向、各宗教信仰多元并存的和谐格局、中华文化兼收并蓄的开放胸怀。正是因为具有突出的包容性，中华文明才能够更好保持大一统传统、更好激发创新性活力。

文明的发展有一个自我过滤的功能，中华文明之所以能够与时偕行、日新月异，一个非常重要的原因就在于它尊重差异、包容多样，从来不用单一文化代替多元文化，而是在多元文化中凝聚共识。中华文明所具有的突出的包容性，集中反映在民族融合、宗教信仰和对外文明互鉴三个方面。在漫长的历史进程中，我国各民族形成了"多元一体"格局。中国各民族交往交流交融是中华文明包容性的生动体现，也是中华文明融为一体的基本途径和方式。在中国历史上，我国逐步形成了各宗教信仰多元并存的局面。佛教、伊斯兰教、基督教和天主教等从国外陆续传入。源自中国本土的儒家思想、道家思想等，传播到世界各地，成为世界文明的重要组成部分。① 古代陆上丝绸之路起源于汉武帝派张骞出使西域开辟的以首都长安（今西安）为起点，经甘肃、新疆，到中亚、西亚，并连接欧洲地中海各国的陆上通道，后来又不断丰富和拓展，成为沟通中华文明和其他欧亚文明的桥梁和纽带。古代海上丝绸之路形成于秦汉时期，发展于三国至隋朝时期，繁荣于唐、宋、元、明时期，该路线主要以南海为中心，是古代中国与外国交通贸易和文化交往的海上通道。中华文明自古就以开放包容闻名于世，在同其他文明的互通有无、交流互鉴中不断焕发新的生命力。

第五，中华文明的和平性是结果，决定了中国始终是世界和平的建设者、全球发展的贡献者、国际秩序的维护者。中华文明具有的连续性、创新性、统一性、包容性，共同决定了中华文明具有突出的和平性；和平性也更好地促进了中华文明既久且大，引领人类文明前进方向。

当今世界百年未有之大变局加速演进，影响大变局的关键在于中国和美国的关系问题。以美国为首的西方国

---

① 参见高江涛《中华文明具有突出的包容性》，《红旗文稿》2023年第12期。

家，基于其个人主义和一元主义的历史文化传统，在看待国际关系问题上，始终持有"修昔底德陷阱"的观点，始终想要维护以美国为首的单极化世界格局。所谓"修昔底德陷阱"，由美国哈佛大学教授格雷厄姆·艾利森提出，意思是说一个新兴大国必然会挑战守成大国的地位，而守成大国也必然会采取措施对新兴大国进行遏制和打压，两者的冲突甚至战争在所难免。所以一旦某国成为世界"老二"，并且其经济体量达到美国的70%以上，美国就会采用打压、围追堵截的方式，试图阻止世界"老二"的发展，维持其国际霸权。这里，以美国为首的西方国家对中国存在一个根本性的错误认知。"和平、和睦、和谐"是中华文明五千多年来一直传承的理念，讲信修睦、亲仁善邻是我们的交往之道。中国人的骨子里就没有侵略掠夺、国强必霸的文化基因，也没有这种野心。中国坚持走和平发展道路，不接受"国强必霸"的逻辑，不会陷入"修昔底德陷阱"，而将致力于构建不冲突不对抗、相互尊重、合作共赢的新型关系，从而实现"万邦和谐""万国咸宁"。

宇宙只有一个地球，人类共有一个家园。和平与发展是全人类的共同愿望，一切矛盾和困难都只有在发展中才会得到解决。发展为了谁？共同利益的主体是谁？人类命运共同体从全人类的根本利益出发，让和平的薪火代代相传，让发展的动力源源不断，让文明的光芒熠熠生辉，让世界各国人民共赢共享。人类命运共同体是利益共同体、责任共同体和生命共同体，也是荣辱与共的国际大家庭。不论何种文化、种族、肤色、宗教还是社会制度，世界各国及人民都应该相亲相爱，和谐相处，和平发展。《中庸》曰："唯天下至诚，为能尽其性；能尽其性，则能尽人之性；能尽人之性，则能尽物之性；能尽物之性，则可以赞天地之化育；可以赞天地之化育，则可以与天地参矣。"宇宙的本真状态是生命秩序的和谐，天道即人道。至诚者方能尽其本性，由仁民爱民而爱万物滋养万物，民胞物与，从而达到天人合一的最高境界。中华文明的连续性、创新性、统一性、包容性，必然孕育和生长出中华文明的和平性。中华文明之所以能够绵延不绝、多元一体，就在于中华民族始终"德行天下""以和为贵"。同样，中华文明所具有的突出的和平性，又促进其连续性、创新性、统一性、包容性发展。一种文明只有始终秉持"和"的理念，善于与其他文明共存共融，才能长长久久、生生不息。基于中华文明的和平性，中国始终是世界和平的建设者、全球发展的贡献者、国际秩序的维护者。积极构建人类命运共同体，为世界文明进步、人类未来发展指明方向。

　　深刻理解和把握中华文明的五大突出特性，不仅是为了读懂中国历史和中华文明史，更是为了更好地建设中华民族现代文明。中华民族现代文明是中华文明的现代形态。连续性、创新性、统一性、包容性、和平性，不仅是中华文明的突出特性，而且是中华民族现代文明的突出特性。因此，新时代条件下建设中华民族现代文明，必须体现对连续性、创新性、统一性、包容性、和平性的坚持和发展。这是历史留给我们的启示，也是时代交给我们的责任。

第八个问题

如何理解"两个结合"是"第六个必由之路"

习近平总书记在文化传承发展座谈会上的讲话中明确提出"在五千多年中华文明深厚基础上开辟和发展中国特色社会主义，把马克思主义基本原理同中国具体实际、同中华优秀传统文化相结合是必由之路"，并且强调"这是我们在探索中国特色社会主义道路中得出的规律性的认识，是我们取得成功的最大法宝"①。"两个结合"是开辟和发展中国特色社会主义的"必由之路"和"最大法宝"。党的二十大报告指出："全党必须牢记，坚持党的全面领导是坚持和发展中国特色社会主义的必由之路，中国特色社会主义是实现中华民族伟大复兴的必由之路，团结奋斗

---

① 《担负起新的文化使命　努力建设中华民族现代文明》，《人民日报》2023年6月3日。

是中国人民创造历史伟业的必由之路,贯彻新发展理念是新时代我国发展壮大的必由之路,全面从严治党是党永葆生机活力、走好新的赶考之路的必由之路。"①这"五个必由之路"是我们党在长期实践探索中得出的至关紧要的规律性认识。因此,结合来看,"两个结合"具有极端重要性,是我们党引领和保障中国特色社会主义巍巍巨轮乘风破浪、行稳致远的重要原则、重要方法和重要规律,是全党同志和广大人民群众必须深刻把握和长期坚持的"第六个必由之路"。

第一,"两个结合"是中国共产党领导中国人民走上中国特色社会主义道路、取得中国特色社会主义伟大成就的经验总结和理论升华。中国特色社会主义从哪里来?它不是从天上掉下来的,而是在改革开放 40 多年的伟大实践中得来的,是在中华人民共和国成立 70 多年的持续探索中得来的,是在我们党领导人民进行伟大社会革命 100 多年的实践中得来的,是在近代以来中华民族由衰到盛 180 多年的历史进程中得来的,是在对中华文明 5000 多年的传承发展中得来的。2021 年 3 月,习近平总书记在福建

---

① 习近平:《高举中国特色社会主义伟大旗帜 为全面建设社会主义现代化国家而团结奋斗——在中国共产党第二十次全国代表大会上的报告》,人民出版社 2022 年版,第 70 页。

武夷山朱熹园考察时说："如果没有中华五千年文明，哪里有什么中国特色？如果不是中国特色，哪有我们今天这么成功的中国特色社会主义道路？"①

新时代十年，党和国家事业取得历史性成就、发生历史性变革，我们完成脱贫攻坚、全面建成小康社会的历史任务，实现第一个百年奋斗目标，我们迈上全面建设社会主义现代化国家新征程。2022年，我国GDP超过121万亿元，稳居世界第二；人均GDP达到8.57万元；对全球经济增长的贡献率超过30%。社会主义没有辜负中国，中国也没有辜负社会主义。只有坚持马克思主义基本原理同中国具体实际相结合、同中华优秀传统文化相结合，才能找到扎根中国大地、反映人民意愿、适应时代发展的正确道路。"两个结合"不是抽象的理念，而是来自实践，并且接受了实践的检验。这其中，特别强调只有立足波澜壮阔的中华五千多年文明史，才能真正理解中国道路的历史必然、文化内涵与独特优势。

从"两个结合"我们能够更加清楚地认识到中国共产党为什么选择社会主义道路，为什么能够实现马克思晚年的政治遗嘱"跨越卡夫丁峡谷"。一方面，结合中国具体实际，我们必然选择社会主义。毛泽东在《新民主主

---

① 《习近平谈治国理政》第4卷，外文出版社2022年版，第315页。

义论》中就中国革命的前途问题分别驳斥过"资产阶级专政""'左'倾空谈主义""顽固派"的观点。总的来说：其一，在现代潮流中封建主义已经不可能回头，"进了历史博物馆"；其二，中国革命必须做两步走，第一步是新民主主义，第二步是社会主义；其三，资产阶级专政和资本主义道路行不通，也已经"部分进了博物馆"。资本主义道路在中国行不通的原因在于：其一，帝国主义不答应，中国的近代史就是受帝国主义侵略、屈辱的历史；其二，社会主义不容许，社会主义和资本主义、无产阶级和资产阶级势不两立；其三，中国资产阶级的发展史和革命史让我们获得了必要的教训，大资产阶级和官僚资产阶级唯帝国主义马首是瞻，民族资产阶级具有其无法克服的软弱性。中国革命是由无产阶级领导的，必然要走上社会主义道路。

另一方面，结合中华优秀传统文化，我们必然选择社会主义。其一，作为中国特色社会主义本质特征的中国共产党领导，包含着对中华文明"大一统"政治传统的创造性转化、创新性发展；其二，作为中国特色社会主义核心价值的人民至上，包含着对中华文明天道理想的创造性转化、创新性发展；其三，作为中国特色社会主义基本实现路径的中国式现代化，包含着对中华文明中正德利用厚生、通商惠工价值观的创造性转化、创新性发展；其四，作为中国特色社会主义新人格养成的文明特征，包含着对中华文明"大群一体""家国天下"集体主义人格的创造性转化、创新性发展。

第二，坚持和发展马克思主义，不断推进马克思主义中国化时代化，必须坚持"两个结合"的根本途径。我们一定要坚守好马克思主义这个魂脉和中华优秀传统文化这个根脉，这是理论创新的基础和前提。

一方面，坚持和发展马克思主义，必须同中国具体实际相结合。马克思主义不是书斋里的学问，而是指导实践的理论。马克思主义中国化时代化一定要着眼解决新时代改革开放和社会主义现代化建设的实际问题，不断回答中国之问、世界之问、人民之问、时代之问。具体到中国马克思主义哲学来说，它是对中国特色社会主义的哲学表征，既具有社会主义现实属性、马克思主义理论属性，又具有中国性。习近平总书记指出："我国哲学社会科学应该以我们正在做的事情为中心，从我国改革发展的实践中挖掘新材料、发现新问题、提出新观点、构建新理论，加强对改革开放和社会主义现代化建设实践经验的系统总结，加强对发展社会主义市场经济、民主政治、先进文化、和谐社会、生态文明以及党的执政能力建设等领域的分析研究，加强对党中央治国理政新理念新思想新战略的研究阐释，提炼出有学理性的新理论，概括出有规律性的新实践。"① 从部门哲学角度看，经济哲学、政治哲学、文化（价值）哲学、社会哲学、生态哲学等方兴未艾，正好与"五位一体"总体布局的"五大建设"一一对应。这不是巧合，恰好表明思想与现实、理论与实践的同构关系。

进一步说，中国马克思主义经济哲学就是对中国特色社会主义市场经济的哲学表征，它是"中国"的"社会主义"的市场经济，不是其他什么市场经济。改革开放以来，西方经济学一度很流行，新自由主义的市场经济理论也一度很有市场。党中央坚持马克思主义立场观点方法，保持战略定力，运用唯物辩证法，避免陷入"非左即右"的两极思维，带领中国人民成功走出了一条中国特色社会主义市场经济道路。特别是2008年美国次贷危机引发全球金融危机以来，西方深陷"泥潭"不能自拔，而中国"风景这边独好"，更加凸显"中国特色"的先进性、优越性。以此观之，我们甚至可以说，中国现实远远地走到了中国理论的前面，中国现实狠狠地把中国理论抛在了身后，中国马克思主义经济哲学任重道远。同理，我们得

---

① 习近平：《在哲学社会科学工作座谈会上的讲话》，人民出版社2016年版，第21—22页。

出：中国马克思主义政治哲学是对中国特色社会主义民主政治的哲学表征，它是"中国"的"社会主义"的民主政治，不是其他什么"宪政民主"；中国马克思主义文化（价值）哲学是对中国特色社会主义先进文化的哲学表征，它是"中国"的"社会主义"的文化和价值观，不是其他什么"普世价值"；中国马克思主义社会哲学是对中国特色社会主义和谐社会的哲学表征，它是"中国"的"社会主义"的和谐社会，不是其他什么"小政府大社会"；中国马克思主义生态哲学是对中国特色社会主义生态文明的哲学表征，它是"中国"的"社会主义"的生态文明，不是其他什么生态模式；等等。

另一方面，坚持和发展马克思主义，必须同中华优秀传统文化相结合。所谓"中国性"，不仅指中国的现实属性，而且指中国的历史文化属性。党的二十大报告指出，中华优秀传统文化是中华文明的智慧结晶，其中蕴含着"天下为公、民为邦本、为政以德、革故鼎新、任人唯贤、天人合一、自强不息、厚德载物、讲信修睦、亲仁善邻"等，同科学社会主义价值观主张高度契合。[①] 在一个更宽

[①] 参见习近平《高举中国特色社会主义伟大旗帜　为全面建设社会主义现代化国家而团结奋斗——在中国共产党第二十次全国代表大会上的报告》，人民出版社2022年版，第18页。

泛的意义上说，中华优秀传统文化的重要元素包括天下为公、天下大同的社会理想，民为邦本、为政以德的治理思想，九州共贯、多元一体的大一统传统，修齐治平、兴亡有责的家国情怀，厚德载物、明德弘道的精神追求，富民厚生、义利兼顾的经济伦理，天人合一、万物并育的生态理念，实事求是、知行合一的哲学思想，执两用中、守中致和的思维方法，讲信修睦、亲仁善邻的交往之道等，共同塑造了中华文明的突出特性。我们讲坚持和发展马克思主义，一定要从实际出发。这个"实际"，既包括现实实际，也包括历史文化实际。当然，"两个结合"分开表述，其意指是很明确的，特别强调马克思主义基本原理同中华优秀传统文化相结合。只有这样，才能让马克思主义在中国牢牢扎根。

第三，在强国建设、民族复兴的新征程上，我们必须在"两个结合"中大力推进中国式现代化。"两个结合"是开辟和发展中国特色社会主义的"必由之路"，这既是历史经验和实践成果的总结和提炼，也是指导新时代新的伟大实践、指导中国式现代化建设的根本方法。

习近平总书记指出："中国式现代化，是中国共产党领导的社会主义现代化，既有各国现代化的共同特征，更有基于自己国情的中国特色。"从整体看，中国式现代化所体现的"中国特色"既符合马克思主义现代化理论，又是中国具体国情、中华优秀传统文化的集中反映；既有世界各国现代化的共性，又有区别于、超越于西方现代化的个性。更进一步说，中国式现代化之所以区别于、超越于西方现代化，原因就在于坚持马克思主义现代化理论同中国具体实际相结合、同中华优秀传统文化相结合。

其一，中国式现代化是人口规模巨大的现代化，不是少数国家少数人的现代化。一旦中国实现现代化，就会超过已有的现代化国家的人口总和，将彻底改变以往的西方现代化建立在对外掠夺和"剪羊毛"的基础上的不平等逻辑，也就意味着全人类可以找到一条共同实现现代化的科学道路，这和中华优秀传统文化的"天下大同"理想是内在一致的。

其二，中国式现代化是全体人民共同富裕的现代化，不是两极分化的现代化。全体人民共同富裕是科学社会主义的价值指向，体现共产主义的本质要求。共同富裕并非平均主义，而是中华优秀传统文化中"平等富足"理念与马克思主义"人的全面发展"理论相结合的当代实践转化。

其三，中国式现代化是物质文明和精神文明相协调的现代化，不是物质主义膨胀的现代化。马克思主义和中华优秀传统文化都非常重视物质和精神两个世界建设，马克思主义讲克服和超越资本的物化逻辑，中国古人讲立德、立功、立言三不朽，与资本主义文明相比，都特别强调人的精神世界的丰富和解放。

其四，中国式现代化是人与自然和谐共生的现代化，不是人与自然尖锐对立的现代化。天人合一的观念、人与自然辩证统一的观念，自古以来就深入中国人的内心。这一点与马克思主义具有天然的亲近性，与西方哲学思想的"主客二分"传统具有根本的差异性。因此，在理解和处理人与自然的关系问题上，中国一个目不识丁的老人也朴素地懂得尊重自然、顺应自然、保护自然，而西方一个满腹经纶的学者可能还在论证人该如何征服自然，这是由中国和西方所具有的不同的思维方式决定的。

其五，中国式现代化是走和平发展道路的现代化，不是对外扩张掠夺的现代化。中国式现代化统筹发展与安全，致力于走和平发展道路，追求高质量发展和高水平安全，这是马克思主义世界交往理论和中华文明"协和万邦"思想的当代转化，积极推动构建人类命运共同体。

以中国式现代化全面推进中华民族伟大复兴，这是我们的新时代使命。更好地推进中国式现代化理论和实践，坚持中国共产党的全面领导，坚持走中国特色社会主义道路，坚持"两个结合"，是我们应该遵循的根本原则。

第九个问题

如何从总体上理解"第二个结合"

习近平总书记在文化传承发展座谈会上提出"'第二个结合'是又一次的思想解放",突出强调了马克思主义基本原理同中华优秀传统文化相结合的重要意义,"第二个结合"让我们掌握了思想和文化主动,为建设中华民族现代文明指明了根本途径。

第一,马克思主义和中华优秀传统文化内在契合。

"源浚者流长,根深者叶茂。"中华优秀传统文化是中华民族的精神之根,马克思主义是中国共产党人的信仰之本,二者虽然诞生在不同的历史时空,但是彼此存在高度的契合性。马克思主义与中国相遇,正是国家蒙辱、人民蒙难、文明蒙尘之际,中华民族面临前所未有的危机。十月革命一声炮响,给中国送来了马克思列宁主义,使困顿中的中国人找到了实现民族独立解放、走向现代化的理论武器。正如毛泽东同志在《唯心历史观的破产》中所说的："自从中国人学会了马克思列宁主义以后，中国人在精神上就由被动转入主动。"①

20世纪20年代，郭沫若先生写下《马克思进文庙》，用寓言的形式和幽默的笔调，表达了马克思主义与中国传统文化的契合关系。在延安时期，我们党明确提出"要使马克思列宁主义这一革命科学更进一步地和中国革命实践、中国历史、中国文化深相结合起来"②。马克思主义的思想精髓同中华优秀传统文化的精华相贯通，同人民群众日用而不觉的共同价值观念相融通。在价值理念上，中华优秀传统文化中"天下为公"的大同社会理想，与马克思主义设想"所有人共同享受大家创造出来的福利"的共产主义社会理想高度契合；在思维方式上，中华优秀传统文化中"福祸相依""物极必反"的朴素辩证思维，与马克思主义唯物辩证法内在一致；在行为方式上，中华优秀传统文化中"知行合一""躬身践履""经世致用"，与马克思主义"主观见之于客观""实践决定认识""理论联系实际"的实践观点具有共通之处。

---

① 《毛泽东选集》第4卷，人民出版社1991年版，第1516页。
② 《中共中央文件选集》第14册，中共中央党校出版社1992年版，第41页。

第二，马克思主义和中华优秀传统文化互相激发互相成就。

马克思主义基本原理同中华优秀传统文化相结合，不是简单的"物理反应"，而是深刻的"化学反应"，造就了一个有机统一的新的文化生命体。

一方面，马克思主义以真理之光激活了中华文明的基因，使中华文明迸发强大的精神力量。譬如，在新民主主义革命时期，马克思主义的人民立场激活了传统的民本思想，"民为贵，社稷次之，君为轻"，我们强调"劳工神圣"，工农是至高无上的社会力量；马克思主义的革命理论唤起了传统的变易思想，"天地革而四时成"，鼓舞着中国人民排除万难把革命进行到底；马克思主义的共产主义学说激发了国人对大同社会的憧憬和追求，前仆后继为崇高理想而奋斗；马克思主义的唯物论、辩证法升华了中国古代世界观和辩证思维，《实践论》《矛盾论》应运而生，指导中国革命在把握规律中摆脱困境、走向胜利。

另一方面，中华优秀传统文化充实了马克思主义的文化生命，为马克思主义中国化时代化提供了丰厚的历史文化滋养。毛泽东同志认为："马克思主义必须和我国的具体特点相结合并通过一定的民族形式才能实现。"[①] 他用

[①] 《毛泽东选集》第 2 卷，人民出版社 1991 年版，第 534 页。

孔夫子的"子入太庙，每事问"来解释调查研究的工作方法，用"相反相成"说明矛盾的同一性和斗争性原理，用"实事求是"概括中国共产党人的思想路线，使党的理论具有了鲜明的中国作风、中国气派，也更为广大人民群众所喜闻乐见。实际上，当代中国是历史中国的延续和发展，中国的历史和文化是中国之为中国、中国人之为中国人的底色。

党的百年奋斗史，是马克思主义不断中国化时代化的历史；是马克思主义基本原理同中国具体实际相结合这"一个结合"，向马克思主义基本原理同中国具体实际相结合、同中华优秀传统文化相结合这"两个结合"演变、发展的历史；是马克思主义基本原理同中华优秀传统文化相结合这"第二个结合"日益凸显的历史。生生不息、自成一体的中华文明越来越迫切唤醒中国的主体性意识，越来越迫切挺立中国的主体性地位，真正把"中国"作为行动着的历史主体、文化主体、文明主体。要始终葆有对中华民族的热爱、对中国历史的敬畏、对中华文化的认同、对中华文明的自信，把"由中国观中国""由世界观中国""由中国观世界"统一起来，以文化自强把握中国发展的历史主动，构建面向世界、面向未来、面向现代化的中国文化。

党的十八大以来，实现中华民族伟大复兴进入关键时期，世界百年未有之大变局加速演进。这迫切需要我们立足中华文明的主体性、中国实践的主体性，大力建设引领时代进步、支撑民族复兴的中华民族现代文明。经过新时代十年的理论创新、实践创新，我们进一步认识到，坚持和发展马克思主义，必须同中华优秀传统文化相结合。"第二个结合"让马克思主义成为中国的，中华优秀传统文化成为现代的，两者互相激发互相成就。

第三，以中国式现代化的文化形态建设中华民族现代文明。

党的二十大明确提出"以中国式现代化全面推进中华民族伟大复兴"，中国式现代化是强国建设、民族复兴的康庄大道。中国式现代化是赓续古老文明的现代化，不是消灭古老文明的现代化；是从中华大地长出来的现代化，不是照搬照抄其他国家的现代化；是文明更新的结果，不是文明断裂的产物。强调"两个结合"特别是"第二个结合"，就是因为世界现代化进程发展至今，那些一味的模仿者、盲目的追随者注定没有前途。中华文化是常新的，本身包含着许多现代性因素。中国式现代化离不开中国理论的科学指引，离不开民族精神的有力支撑，离不开中华文化的深厚滋养。中国式现代化赋予中华文明以现代力量，中华文明赋予中国式现代化以深厚底蕴，经由"结合"而形成的新文化就是中国式现代化的文化形态。

习近平总书记多次强调，文化自信是更基础、更广泛、更深厚的自信，是更基本、更深沉、更持久的力量。文化自信来自文化主体性。我们党是中国共产党，我们国家是中华人民共和国，我们民族是中华民族。"中国"和"中华"，不仅是一个地理指称，更是一个历史文化概念。没有文化自信的民族，立不住、站不稳、行不远；失去文化主体性的民族，常常湮没于历史烟云。建设社会主义文化强国，建设中华民族现代文明，都是以"中国"为主体展开的伟大实践，离开"中国"这个本，什么都干不了、成不了。有了文化主体性，就有了文化意义上坚定的自我，中国共产党就有了引领时代的强大文化力量，中华民族和中国人民就有了国家认同的坚实文化基础。中华民族现代文明是中国共产党带领中国人民在中国大地上创造的。中国共产党既是马克思主义的坚定信仰者和践行者，又是中华优秀传统文化的忠实继承者和弘扬者。作为文化主体的"中国""中华民族"，既是从马克思主义中走来，又是从五千多年中华文明史中走来。正是在这个意义上，建设中华民族现代文明必须坚持马克思主义基本原理同中华优秀传统文化相结合。

第十个问题

如何理解马克思主义和中华优秀传统文化彼此契合

马克思主义和中华优秀传统文化虽然来源不同,但是彼此高度契合。譬如,天下为公、讲信修睦的社会追求与共产主义、社会主义的理想信念相通,民为邦本、为政以德的治理思想与人民至上的政治观念相融,革故鼎新、自强不息的担当与共产党人的革命精神相合。可以说,马克思主义和中华优秀传统文化彼此契合是全方位的,从价值观基础看,两者拥有共同的价值理想。五千多年的中华文明涵养出以"仁"为核心的价值体系,突出表现为天人合一、天下大同的理想境界。马克思主义传入中国,立足中国实际,不断中国化时代化,不断激活中华文明的力量。以马克思主义为指导,以中华文明为根基,从天道理想到人民政治,从天下大同到构建人类命运共同体,从

"民本""爱民"到以人民为中心，在新的时代条件下凸显人民至上的根本价值理念。

第一，以孔子为文化代表的中华文明："仁"为价值本位、"礼"为社会秩序。

中华文明经过一个漫长的交流、融合、发展的历史过程，到春秋战国时期达到了一个高峰期。其中，以孔子为代表的儒家，发明以"仁"为价值本体、以"礼"为社会秩序的价值体系，对中华文明的传承、发展影响深远。

在儒家价值体系当中，价值规范很多，譬如，仁、义、礼、智、信、孝、悌、忠、诚等，而仁居于最核心的位置，是以孔子为代表的儒家学说的价值本位。[1]其一，仁是人的本性。孔子曰："仁者，人也。"(《中庸》)仁是人的内在根据，是儒家价值观的根本原则，也是中华文明的核心价值理念。其二，仁是做人的原则。樊迟问仁，子曰："爱人。"(《论语·颜渊》)爱人是仁的实践形态。"泛爱众而亲仁"，在孔子看来，个体的自作决定、自担责任是在与社群之他者的交往中实现的。个体与他者的交往原则有二：一为"己所不欲，勿施于人"(《论语·卫灵公》)；二为"己欲立而立人，己欲达而达人"(《论语·雍也》)。

---

[1] 参见孙伟平等《最大公约数：社会主义核心价值观研究》，广西人民出版社2021年版，第83—85页。

其三，仁是首要的价值选择。孔子认为，"当仁，不让于师"，仁人志士"无求生以害仁，有杀身以成仁"。如果仁与其他价值发生了冲突，必须毫不犹豫地克制自己，牺牲其他的道德价值，甚至不惜牺牲自己的生命，即"杀身以成仁"。我们熟知的裴多菲的诗："生命诚可贵，爱情价更高。若为自由故，二者皆可抛！"对于中国人来说，"杀身成仁"是最普通的道理，也是最高尚的价值选择和道义选择。

仁作为价值本位，需要现实化为社会规范和社会秩序。① 儒家对社会结构、秩序和运作方式的设计，主要是通过"礼治"来实现的，所谓"礼也者，理也"。儒家承袭的是三代之礼。孔子曰："殷因于夏礼，所损益，可知也；周因于殷礼，所损益，可知也。"（《论语·为政》）三代之礼虽然有所损益，然而是一脉相承的，我们要恢复周礼。"道之以政，齐之以刑，民免而无耻；道之以德，齐之以礼，有耻且格。"（《论语·为政》）可见，儒家特别强调礼治（而非刑治）的作用。其一，礼由仁义而生。"仁者人也，亲亲为大。义者宜也，尊贤为大。亲亲之杀，尊贤之等，礼所生也。"（《中庸》）礼是"成己""成人"的

---

① 参见孙伟平等《最大公约数：社会主义核心价值观研究》，广西人民出版社2021年版，第90—92页。

必要条件。其二，礼是实现仁的途径。孔子曰，"不学礼，无以立"，"克己复礼为仁"。"克己"和"复礼"是同一个过程的两个方面，都是实现仁的途径。礼以仁为思想内容，仁以礼为实现路径。就内和外来说，仁主内，礼主外，通过外在规范来实现内在价值。其三，礼的实行关键在和。"礼之用，和为贵。先王之道，斯为美，小大由之。有所不行，知和而和，不以礼节之，亦不可行也。"（《论语·学而》）礼的运用，以和谐为目标，以和谐为贵。先王治国，就以这样为美，大小事情都这样。有行不通的时候，单纯地为和谐而去和谐，不用礼来节制，也是不可行的。就社会治理来说，和既是目标，也是方法，以和谐实现礼治。

第二，以朱子为文化代表的中华文明：仁本体论[①]。

从孔子开始，仁便有关切天下众生的核心面向；程颢以身体知觉为基础，建立了万物一体之仁的命题；程颐则突出了仁的公天下面向；朱熹在二程的基础上，运用理学的理气架构，为"仁者以天地万物为一体"（二程）的命题打牢了宇宙论-本体论基础，即发明了仁本体论。传统儒学"万物一体"的思想既是一种精神境界，也指万物关

[①] 关于"仁本体论"的探讨，感谢笔者的同事龙涌霖助理研究员提供的帮助。

联共生的整体，这种整体就是仁体。仁本体论把传统儒学的一体之仁与生生之仁做了有机结合。仁本体与关联共生的万有是"全体是用，全用是体"的关系。"人与天地本一体，只缘渣滓（注：私意人欲）未去，所以有间隔。若无渣滓，便与天地同体。"(《朱子语类·论语二十七》) 陈来认为，朱子的哲学思想体系可以看作从两个基本方面呈现，一个是理学，另一个是仁学。如果说理气是二元分疏的，则仁在广义上是包括理气的一元总体。在这一点上，说朱子学总体上是仁学，比说朱子学是理学的习惯说法，更能凸显儒学体系的整体面貌。①

其一，仁者以天地生物之心为心。朱子认为仁是天地用以生物之心，又是人心的来源，人禀受天地生物之心而成为自己的心。这一天心－人心的结构，是朱子学仁说的基础结构。"天地以生物为心者也，而人物之生，又各得夫天地之心以为心者也。故语心之德，虽其总摄贯通，无所不备，然一言以蔽之，则曰仁而已矣。请试详之：盖天地之心，其德有四，曰元亨利贞，而元无不统。其运行焉，则为春夏秋冬之序，而春生之气无所不通。故人之为心，其德亦有四，曰仁义礼智，而仁无不包。其发用焉，则为爱恭宜别之情，而恻隐之心无所不贯。"(朱熹《仁

---

① 参见陈来《仁学本体论》，《文史哲》2014年第4期。

说》）朱子的"仁者以天地生物之心为心"，为"万物一体之仁"建立了更为客观的宇宙论－本体论基础。

其二，仁是自身德行全面发展的根据。郑问："仁是生底意，义礼智则如何？"曰："天只是一元之气。春生时，全见是生；到夏长时，也只是这底；到秋来成遂，也只是这底；到冬天藏敛，也只是这底。仁义礼智割做四段，一个便是一个；浑沦看，只是一个。"（《朱子语类·性理三》）"仁"字须兼礼义智看，方看得出。仁者，仁之本体；礼者，仁之节文；义者，仁之断制；知者，仁之分别。犹春夏秋冬虽不同，而同出于春：春则生意之生也，夏则生意之长也，秋则生意之成，冬则生意之藏也。自四而两，两而一，则统之有宗，会之有元，故曰："五行一阴阳，阴阳一太极。"（《朱子语类·性理三》）孔子强调仁者应当全面发展自身的德性，故仁有"全德之名"；到宋明儒学尤其是朱熹那里，"全德之名"得到了进一步的宇宙论－本体论奠基。

其三，人（仁者）是天地宇宙间的独特存在。"天地生物，本乎一源，人与禽兽草木之生，莫不具有此理。其一体之中，即无丝毫欠剩，其一气之运，亦无顷刻停息，所谓仁也。但气有清浊，故禀有偏正。惟人得其正，故能知其本、具此理而存之，而见其为仁；物得其偏，故虽具此理而不自知，而无以见其为仁。然则仁之为仁，人与物不得不同；知人之为人而存之，人与物不得不异。"（朱熹《延平答问》）人之为人，在于仁之德行。此外，仁本身也包含着个体与他人的联结关系，互相关爱，和谐共生。

第三，人民至上的根本价值理念。

马克思主义与中华文明源流互质，坚持和发展中国特色社会主义，必须坚持马克思主义为指导，必须立足中华优秀传统文化立场和中华文明根基。从价值观上说，"民本"思想与"人民至上"具有内在一致性。

一是构建人类命运共同体和人民政治。

习近平总书记指出，中华文明具有"讲仁爱、重民本、守诚信、崇正义、尚和合、求大同"的精神特质和发展形态。习近平新时代中国特色社会主义思想是中华文化和中国精神的时代精神，是对这一文化主体性的最有力体现。这集中反映在构建人类命运共同体与人民政治上。

在本体论上，人类命运共同体以人类共同体为本位，将人类视为唇齿相依的有机整体，将不同民族和国家视为平等互利、合作共赢的共同体，将中国与世界视为共享机遇、共谋发展的共同体。在全球化时代，人类必须有共同体意识，把相互发展、共同进步视为机遇，而不能视为麻烦和挑战。这是因为从本体来讲人类是一个有机整体，合则两利、斗则两伤。

在价值论上，人类命运共同体以命运与共为核心价值导向，着眼于从整体上谋划人类长远利益和各民族利益的共赢，以实现共建共享为根本目标，建立以包容共生为基础的价值共同体。世界近现代史以西方文明崛起为主脉络，这客观形成和导致"西方中心论"和"西方优越论"。然而，西方模式带来和造成的全球生态危机、金融危机、能源危机、贫富差距、局部战争等，引发广泛关注和反思。人类命运共同体坚持正确的义利观，打破了狭隘的"西方中心论"和"文明冲突论"，超越了西方以权力为核心的霸权主义文明观，建立以人类共同命运为核心的新文明观。

在方法论上，人类命运共同体坚持利益共同体和价值共同体的内在统一，推进"一带一路"建设，是实现人类从繁荣和发展走向命运与共的现实路径，最终实现文明交流超越文明隔阂、文明互鉴超越文明冲突、文明共存超越文明优越的理想目标。

天下大同、人类命运共同体、共产主义，是不同话语叙事的同一个内容。中国共产党的属性和使命成就人类命运共同体的人民性。中国共产党是为中国人民谋幸福的政党,也是为人类进步事业而奋斗的政党,始终把为人类作出新的更大贡献作为自己的使命。五千多年的中华文明始终强调"仁"的突出地位,无论是价值本位,还是仁本体论,作为其日常功用来说,大抵一个词可以概括,即"仁者爱人",落实到一套政治运行体系和话语结构,在古代就是"民本""爱民",传承到当代中国就是"人民政治"。

我国的国体是人民民主专政的社会主义国家。《中华人民共和国宪法》第一章总纲第一条明确指出:"中华人民共和国是工人阶级领导的、以工农联盟为基础的人民民主专政的社会主义国家。"[1] 人民民主专政的本质是人民当家作主,这是人民政治的核心意志。我国的政体是人民代表大会制度。国体决定政体。《中华人民共和国宪法》第一章总纲第二条明确指出:"中华人民共和国的一切权力属于人民。人民行使国家权力的机关是全国人民代表大会和地方各级人民代表大会。"[2] 这表明人民是通过全国人民代表大会及地方各级人民代表大会来行使国家权力的。只有人民,才是国家的真正主人。党的宗旨是全心全意为人民服务。《中国共产党章程》强调:"中国共产党党员必须全心全意为人民服务,不惜牺牲个人的一切,为实现共产

---

[1] 《中华人民共和国宪法》,法律出版社2018年版,第60页。
[2] 《中华人民共和国宪法》,法律出版社2018年版,第60页。

主义奋斗终身。"①中国共产党没有任何自己的特殊利益，始终代表最广大人民的根本利益。

二是坚持人民主体地位。

人类历史是由人民群众创造的。这一伟大发现，构成了马克思主义唯物史观的核心内容。人民群众拥有惊人的力量和丰富性，推动着历史车轮滚滚向前。马克思揭示了人民群众在历史创造中的主体性地位和主动性能力。"历史不过是追求着自己目的的人的活动而已。"②他还进一步指出，人民群众不仅创造了历史，而且自身的发展也符合历史发展的规律。"历史活动是群众的活动，随着历史活动的深入，必将是群众队伍的扩大。"③

习近平总书记指出："人民是创造历史的动力，我们共产党人任何时候都不要忘记这个历史唯物主义最基本的道理。"④中国从战乱走向和平、从落后走向富强，最关键的是有了中国共产党；中国共产党之所以具有如此巨大的力量，是因为我们党是人民的政党。在中国革命、建设、改革的伟大历程中，人民群众始终是推进历史发展的根本

---

① 《中国共产党章程》，法律出版社2020年版，第23页。
② 《马克思恩格斯文集》第1卷，人民出版社2009年版，第295页。
③ 《马克思恩格斯文集》第1卷，人民出版社2009年版，第287页。
④ 《习近平总书记系列重要讲话读本（2016年版）》，学习出版社、人民出版社2016年版，第128页。

动力。胡绳把这种力量称为"不死的人民力量","我们在每一时代都可以看到在苦难中挣扎奋斗而取得了最后胜利的人民力量"。①在中国共产党的带领下,这种"不死的人民力量"不断形成一种中国人的精气神。

党的十八届五中全会首次提出"以人民为中心"的发展思想,其唯物史观根据就是坚持人民主体地位,彰显人民至上的价值追求。一切为了人民,一切从人民利益出发,这是我们党干事创业、治国理政的根本出发点和落脚点。"不忘初心",这颗"初心"就是以人民为中心的"心",就是人民至上的"心"。习近平总书记强调:"全党同志要把人民放在心中最高位置,坚持全心全意为人民服务的根本宗旨。"②心里始终装着人民群众,时时处处为人民群众打算,始终保持和人民群众的血肉联系,在知行合一中自觉为人民群众担当。

三是满足人民美好生活需要。

马克思在《资本论》中通过政治经济学批判,深刻揭示了资本主义社会运行的内在原理,提出"只有当社会生活过程即物质生产过程的形态,作为自由联合的人的产

---

① 参见胡绳《二千年间》,北京出版社2016年版,第171页。
② 习近平:《在庆祝中国共产党成立95周年大会上的讲话》,人民出版社2016年版,第18页。

物，处于人的有意识有计划的控制之下的时候，它才会把自己的神秘的纱幕揭掉"。①正如他和恩格斯在《共产党宣言》中所指出的："代替那存在着阶级和阶级对立的资产阶级旧社会的，将是这样一个联合体，在那里，每个人的自由发展是一切人的自由发展的条件。"②以此建立一个新的社会——共产主义社会，实现人的自由而全面的发展，即人的解放。

中国共产党把实现共产主义作为自己的远大理想和价值旨趣。落实到具体行动中，让老百姓过上好日子，始终是中国特色社会主义的发展目标。党的十八大以来，中国特色社会主义进入新时代，这是我国发展新的历史方位。中国式现代化历史性地解决了绝对贫困问题，创造了人类减贫史上的奇迹。我国实现从总体小康走向全面小康，人民群众的物质文化生活水平得到显著提高。习近平总书记指出："中国特色社会主义进入新时代，我国社会主要矛盾已经转化为人民日益增长的美好生活需要和不平衡不充分的发展之间的矛盾。"③我国社会主要矛盾的变化，表明

---

① 《马克思恩格斯文集》第 5 卷，人民出版社 2009 年版，第 97 页
② 《马克思恩格斯选集》第 1 卷，人民出版社 2012 年版，第 422 页。
③ 习近平：《决胜全面建成小康社会 夺取新时代中国特色社会主义伟大胜利——在中国共产党第十九次全国代表大会上的报告》，人民出版社 2017 年版，第 11 页。

我国社会主义现代化建设取得伟大成就，总体发展跃升到新的阶段，同时也展现了人民群众对美好生活的更高追求和更多期待。老百姓眼中的好日子，不仅是吃穿不愁，而且更有精神层面获得美好和幸福体验的需求。

人民对美好生活的需要是全方位的。在经济持续健康发展的前提下，逐步实现物质文明、政治文明、精神文明、社会文明、生态文明"五大文明"更全面地协调发展。在经济建设上，贯彻新发展理念，构建新发展格局，促进高质量发展。提高科技自主创新能力，不仅要解决"卡脖子"难题，而且要推动形成更多从0到1的自主性原创性重大科技成果。在政治建设上，进一步发扬和完善民主，充分调动人民群众的积极性、主动性、创造性，更好发挥中国特色社会主义政治制度的优越性，生动活泼、安定团结的政治局面进一步巩固和发展。在文化建设上，深入挖掘和利用中华优秀传统文化，筑牢中国自主知识体系的文明根基，提升文化自信和中华民族身份认同和自豪感。在社会建设上，保障和改善社会民生，对收入分配、就业、教育、社会保障、医疗卫生、住房保障等人民群众热切关心的领域持续推进改革，全面提升人民群众生产生活的获得感、幸福感、安全感。在生态文明建设上，推动绿色、低碳、循环、可持续发展，保护好人类共有的地球家园，提升环境友好舒适感。中国式现代化是全体人民的现代化，而不是某些人或某一群体的现代化；是高质量高水平的现代化，而不是低质量低水平的现代化。坚持和发展中国的现代化道路，就要不断深化改革、守正创新，不断提高经济发展质量和效益，不断提升"五大文明"的发展水平，不断满足人民美好生活需要，进而使人类的文明程度不断跃升到新的层次。

第十一个问题

如何从"第二个结合"理解共产党人的"心学"

中国共产党既是马克思主义的坚定信仰者和践行者,又是中华优秀传统文化的忠实继承者和弘扬者,这必然要求我们做到马克思主义和中华优秀传统文化相结合。习近平总书记指出:"党性教育是共产党人修身养性的必修课,也是共产党人的'心学'。"[①]一方面强调了共产党员党性教育和思想政治工作的极端重要性,是每个共产党人的必修课;另一方面指明了从更深层次上如何把党性教育和中华优秀传统文化融会贯通,开创了思想政治工作的新途径,即共产党人的"心学"。

第一,传统心学及其不足。

---

① 习近平:《在全国党校工作会议上的讲话》,人民出版社2016年版,第17页。

心学，是儒家思想的重要内容，也是儒家学说的重要一派，最早可追溯到孟子。孟子认为，人心本善。"君子所性，仁义礼智根于心。"（《孟子·尽心上》）心学集大成者则是明代大儒王阳明。"无善无恶心之体，有善有恶意之动，知善知恶是良知，为善去恶是格物。"（《传习录》）这派学说被称作"陆王心学"，其核心主张是"致良知"和"知行合一"。良知是心之本体，无善无恶。修养的目的在于为善去恶，达到良知，并按照良知去行动。

对于中国共产党来说，党性就是"良知"，践行党性就是"致良知"。如何加强党性修养，如何加强思想政治工作，就是中国共产党人的"致良知"，就是中国共产党人的工夫论。

致良知这种内省式的体认方法，是极好的。"所谓致知格物者，致吾心之良知于事事物物也。吾心之良知，即所谓天理也。致吾心良知之天理于事事物物，则事事物物皆得其理矣。致吾心之良知者，致知也；事事物物皆得其理者，格物也。是合心与理而为一者也。"（《答顾东桥书》）然而，作为一种方法论，致良知在一般意义上是个体性的。个人通过心学工夫，成己成圣。对于社会整体来说，这种内省式的工夫缺乏一种普遍的约束性和实践性。究其原因，这正如梁漱溟在《中国文化要义》中所指出的，"中国人缺乏集团生活"。所谓集团生活是指："一、要有一种组织，而不仅是一种关系之存在。二、其范围超于家族，且亦不依家族为其组织之出发点。三、在其范围内，每个人都感受一些拘束，更且时时有着切身利害关系。"[1]就士农工商四民而言，"士人和农人，是构成中国社会之最重要成分"，而两者都是"散漫的"，其中"士人止于微有联络而已，谈不到有团体"；工人和商人，也是乡党意识宗族意识强于行业意识，亦无团体精神。

国家有如一个大团体，而传统中国社会，缺乏一个真正的组织，"组织能力缺乏，即政治能力之缺乏"。梁漱溟还认为："缺乏集团那是中国最根本的特征；中国一切事情莫不可溯源于此。"[2]这里问题的核心在于，传统中国缺乏一个真正能够代表全体中国人的政治组织，缺乏一个真正能够代表广大劳苦大众根本利益的政治组织。

第二，中国共产党在党性教育方面的创造性转化。

梁漱溟在《中国建国之路》中指出："集团生活在数千年来我们中国人一直是缺乏的；而今天中国共产党在其团体组织上颇见成功，几乎可说是前所未有。"[3]中国共产

---

[1]《梁漱溟全集》第3卷，山东人民出版社2005年版，第72页。
[2]《梁漱溟全集》第3卷，山东人民出版社2005年版，第331页。
[3]《梁漱溟全集》第3卷，山东人民出版社2005年版，第339页。

党把团体生活引入中国，首先是建立起中国共产党自身的团体生活；进而以此为根基，发展了一切其他组织。在中国共产党的领导下，基于最广大人民群众的根本利益，散漫的中国人走向组织，公共观念于是养成，纪律习惯于是养成，法治精神于是养成，更重要的是，组织能力于是养成。

中国共产党作为长期执政的使命型政党，党性与人民性是一致的，用梁漱溟的话来说，"透出了人心"。心即主宰，主宰即心；人与人只是身隔而心不隔。《道德经》曰："圣人恒无心，以百姓之心为心。"中国共产党始终保持对人民的初心，"不忘初心"最根本的是不忘人民，要时时刻刻以人民为中心。习近平总书记在中央政治局召开的民主生活会上指出："中南海要始终直通人民群众，我们要始终把人民群众放在心中脑中。中央政治局的同志必须做到以人民忧乐为忧乐、以人民甘苦为甘苦，牢固树立以人民为中心的发展思想，始终怀着强烈的忧民、爱民、为民、惠民之心，察民情、接地气，倾听群众呼声，反映群众诉求。"① 我们党始终坚持人民立场，把增进人民福祉、促进人的全面发展和社会的全面进步，作为发展的出发点

---

① 《对照贯彻落实党的十八届六中全会精神　研究加强党内政治生活和党内监督措施》，《人民日报》2016年12月28日。

和落脚点。"我们强调的党性，包含着人民性的深刻内涵。我们党是代表人民利益的党，她没有独立于人民利益的自身利益。"① 中国共产党是坚持以马克思主义为根本指导的全新政党，带领人民建立新国家，建设新社会，培养新人格。

就党的建设和思想政治工作来说，通过"集团生活+心学"的方式，创新了礼乐教化，建立起"团结、紧张、严肃、活泼"（毛泽东为中国人民抗日军事政治大学题写的校训）的团体生活。党内民主是党的生命。它是指全体党员在党内生活中当家作主的权利以及平等地享有参与管理和决定党内事务的权力。习近平总书记指出："我们实行的民主集中制，是又有集中又有民主、又有纪律又有自由、又有统一意志又有个人心情舒畅生动活泼的制度，是民主和集中紧密结合的制度。"② 在党内生活中，从团结的目的出发，坚持民主集中制，开展批评与自我批评，既有集中又有民主、既有纪律又有自由、既有统一意志又有个人心情舒畅，实现更大的团结，争取更大的胜利。充分发挥党内民主，最大限度地调动全党的积极性、主动性、创造性，增强党员的"主人翁"意识。党内民主是党内政

---

① 习近平：《摆脱贫困》，福建人民出版社1992年版，第63页。
② 《十八大以来重要文献选编》下，中央文献出版社2018年版，第586页。

治生活积极健康的重要基础，是马克思主义政党的本质要求。

中国共产党人的"心学"不仅修炼党性，而且涵养心性，充分反映了坚持人民主体地位的内在要求，充分体现了人民至上的价值情怀。中国共产党始终坚持党性与人民性相统一，用实际行动回答和解决中国之问、世界之问、人民之问、时代之问，创造了中华文明的现代形态，创造了人类文明新形态，具有全人类的重要价值。

第十二个问题

如何理解中国式现代化的文化形态

习近平总书记在文化传承发展座谈会上首次提出"中国式现代化的文化形态"概念,整个座谈会是围绕"担负起新的文化使命,努力建设中华民族现代文明"而展开的。从理论阐述看,中国式现代化的文化形态,可以视作一座桥梁,有效地连接起"中国特色社会主义""中国式现代化""中华文明"等多套概念系统。

第一,中华民族现代文明囊括经济、政治、文化、社会、生态等各方面各领域的文明,作为文化或文明形态的中华民族现代文明则是文化建设的内容。中国特色社会主义文化建设的目标,是建设社会主义文化强国;中国特色社会主义文化建设的内容,是中国的文化现代化建设,也就是中国式文化现代化建设,其目标是创造属于这个时代的新文化,也就是中国式现代化的文化形态。

第二，中国式现代化的文化形态是"第二个结合"创造的"新的文化生命体"。从"第二个结合"看，中国式现代化的文化形态包括两层意思：其一从中华文明发展角度看，是五千多年的中华文明实现从传统到现代的自我更新，发展出中华文明的现代形态；其二从马克思主义发展角度看，是中华优秀传统文化充实马克思主义的文化生命，中国化马克思主义成为中华文化和中国精神的时代精神。从实质上讲，中国式现代化的文化形态只有一个，新文化只有一个，那就是马克思主义成为中国的、中华优秀传统文化成为现代的"新的文化生命体"。

第三，"新的文化生命体"意味着自我否定和自我更新，而这个"生命体"是一以贯之的。恩格斯说："每一种事物都有它的特殊的否定方式，经过这样的否定，它同时就获得发展，每一种观念和概念也是如此。"[1]这就有如人的成长一样，青年的"我"是对少年的"我"的否定，而这个"我"是一以贯之的。中华文明具有突出的连续性，是世界上唯一绵延不断且以国家形态发展至今的伟大文明。今日之中国，从昨日之中国而来，向明日之中国而去。中国的历史和文化从未中断过，"新的文化生命体"所表明的就是中华文明的现代形态。而"新"意味着新的

---

[1] 《马克思恩格斯文集》第9卷，人民出版社2009年版，第149页。

时代、新的条件、新的境遇、新的实践，更关键的是中国共产党的领导，并且掌握了马克思主义的科学真理。"理论一经掌握群众，也会变成物质力量。"① 习近平总书记强调，马克思主义与中华优秀传统文化的结合，不是"拼盘"，不是简单的"物理反应"，而是深刻的"化学反应"。② 所谓"化学反应"就是生成一个东西，而不是两个东西、两张皮，是生成一个有机统一的"新的文化生命体"。

第四，中国式现代化的文化形态丰富人民精神世界。党的二十大报告明确提出"以中国式现代化全面推进中华民族伟大复兴"，在某种意义上，中国式现代化与中国特色社会主义具有"平替"的效果。譬如，中国特色社会主义文化建设与中国式文化现代化建设，中国特色社会主义经济建设与中国式经济现代化建设，中国特色社会主义政治建设与中国式政治现代化建设，中国特色社会主义社会建设与中国式社会现代化建设，等等。与之对应，中国式现代化的文化形态与中国特色社会主义文化建设目标一致，发展面向现代化、面向世界、面向未来的，民族的科学的大众的社会主义文化。社会主义文化坚持人民主体地

---

① 《马克思恩格斯选集》第 1 卷，人民出版社 2012 年版，第 9 页。
② 参见《赓续历史文脉　谱写当代华章——习近平总书记考察中国国家版本馆和中国历史研究院并出席文化传承发展座谈会纪实》，《人民日报》2023 年 6 月 4 日。

位，一切为了人民，一切依靠人民；坚持人民至上，实现好、维护好、发展好最广大人民的根本文化利益。从"五位一体"看，中国式现代化的本质要求是：实现高质量发展，发展全过程人民民主，丰富人民精神世界，实现全体人民共同富裕，促进人与自然和谐共生。中国式文化现代化对应的本质要求就是丰富人民精神世界。在这个意义上，无论是中国式现代化的文化形态，还是中华文明的现代形态，抑或是"新的文化生命体"，都是为了丰富人民的精神世界。

第十三个问题

如何理解文化主体性

"文化主体性"是习近平总书记在文化传承发展座谈会上所提出的重要标识性概念,并且明确指出"'结合'巩固了文化主体性"。那么,何谓主体性?何谓文化?何谓文化主体性?中华民族的文化主体性是如何建立起来的?这一系列重要问题亟待我们去探索回答。

第一,何谓主体性?

马克思主义认识论认为,主体性是指主体在利用、改造、再塑客体的社会实践和认识、评价客体的社会认知过程中,所表现出来的全部特殊属性。主体的主要特性包括自然性、实践性、社会性、意识性、主动性。这些主要特性集中起来就是主体性。主体性是主体的综合特征,是主体所表现出来的最突出、最集中的品质。恩格斯认为:"人同其他动物的最终的本质的差别",就是"一句话,动物仅仅利用外部自然界，简单地通过自身的存在在自然界中引起变化；而人则通过他所作出的改变来使自然界为自己的目的服务，来支配自然界"①。这种认识现实世界和支配、利用、改造、创造现实世界的特征，就是主体性。主体性是一种自觉的能动性，是人之所以区别于动物的特点。

"人的主体性是主体与客体关系的规定性，是在主客体关系中体现的主体的本质力量……主体和客体两个方面多种变量的不同组合，形成了千差万别的人的主体性的现实状态。"② 所谓主体性问题，就是主体能动性和客体制约性的关系问题，主体能动性的发挥能不能离开客体的制约和限制，怎样在客体制约前提下，最大限度地发挥主体能动性的问题。主体性哲学，可以看作西方哲学发展演变的重要线索之一，特别是文艺复兴以来，人的理性和启蒙主体性成为哲学的主题，笛卡尔、康德、黑格尔、胡塞尔、海德格尔都是不同历史时期主体性哲学的代表性人物。

在中国的思想界和理论界，自改革开放以来，也经历了一个主体性哲学蓬勃发展的时期。解放思想、实事求是，以实践作为检验真理的唯一标准，实际上是为了解放

---

① 《马克思恩格斯选集》第3卷，人民出版社2012年版，第997—998页。
② 郭湛：《百年中国历史主体的主体性和创造性》，《社会主义核心价值观研究》2022年第1期。

和释放人的主体性。"我们讲解放思想,是指在马克思主义指导下打破习惯势力和主观偏见的束缚,研究新情况,解决新问题。"①激活人的主体性,也就是鼓励发挥人的能动性。党的十八大以来,面对中华民族伟大复兴的战略全局和世界百年未有之大变局,我们突出强调坚持自信自立,中国的问题必须从中国基本国情出发,由中国人自己来解答,突出强调把握历史大势,掌握历史主动,是主体性哲学在新时代发展的具体表现。

第二,何谓文化?

"文化"的含义有广义和狭义之分。狭义的文化主要是被理解为人类的精神生产活动及其产物,如宗教信仰、道德意识、教育教养、思想理论、文学艺术等。毛泽东在《新民主主义论》中指出:"一定的文化(当作观念形态的文化)是一定社会的政治和经济的反映,又给予伟大影响和作用于一定社会的政治和经济;而经济是基础,政治则是经济的集中的表现。这是我们对于文化和政治、经济的关系及政治和经济的关系的基本观点。"②广义的"文化"是与"自然"相对应的,是人们在社会实践中所创造的、社会化的产物。自然之物、自然属性、自然规律是自

---

① 《邓小平文选》第2卷,人民出版社1994年版,第279页。
② 《毛泽东选集》第2卷,人民出版社1991年版,第663—664页。

然而然的，非人类所为，而文化则是人所创造的不同于自在自然和自身生物本能的东西，是人类的社会实践活动及其成果，如社会制度、观念习俗等。马克思主义从人的社会性和实践性的角度揭示了文化的实质。是否具有"文化意义"，核心在于是否体现了人的社会性和实践性。尽管一切"文化物"必须依附于"自然物"并在"自然物"的基础上才能产生，但"文化物"毕竟已经不是"自然物"。区别"文化物"与"自然物"，是理解"文化意义"的关键。文化是人的本质力量的展现，具有塑造人、引导人的教化功能。一个民族、一个国家的文化体现了该民族、国家在价值观念、信仰追求、思维方式、心理习惯等方面的共性，因而能在本民族、国家产生强烈的共鸣和认同，形成强烈的感召力、向心力、凝聚力。文化是一个民族、一个国家的精神家园，体现着该民族、国家的价值取向、道德规范、思想风貌及行为特征。①

第三，何谓文化主体性？

文化具有鲜明的属人性或主体性。所谓文化主体性，是指文化本身的特点直接与具体的人相联系，它直接表现和反映着具体的人的目的、利益、需要和能力。文化主体

---

① 关于"文化"的理解，得益于王伟光教授在其主编的《辩证唯物主义历史唯物主义新编》中对相关内容的阐述。

性并不等同于主观性,更不等同于主观随意性。离开人们的社会条件和社会关系看待文化,割裂文化与对象之间的关系,否定人的需要等客观性,就是犯文化主观主义错误。文化主体性事关一个民族、一个国家精神上的独立自主。如果丧失这种文化主体性,就等于精神上被殖民,也就失去了独立思考和自信自立的能力,只可能沦为其他国家的附庸。

文化主体性以一定的经济社会发展条件为基础,不可离开国家经济、政治、军事以及重要领域的独立自主而单独存在。其一,保持文化主体性的国家,要确保经济上的独立自主。一旦经济上依附其他国家,或者被其他国家利益集团控制,国家的独立自主地位必然丧失,文化主体性、国家安全、社会稳定、人民尊严等也就无从谈起。其二,保持文化主体性的国家,要确保政治上的独立自主。一旦政治上丧失独立自主,内政外交被国外势力渗透或者控制,必然人民受辱、主权丧失与政治动荡,甚至整个国家分崩离析。其三,保持文化主体性的国家,要确保军事上的独立自主。一旦军事上丧失独立自主,或者决定国家命运的重要领域掌握在别人手中,那么就会处处受制于人,主体性也就难以保障了。① 反言之,国家在经济、政治、军事上独立自主,其文化主体性也不会"自动产生",

---

① 参见郭继承《中华文化主体性与中国式现代化》,《统一论坛》2023年第2期。

还需要人们主动介入、积极推动，才能形成。

第四，文化主体性和文化自信的关系是怎样的？

任何文化要立得住、行得远，就必须有自己的主体性。自立自主，方能自信。文化自信就来自文化主体性。有了文化主体性，就有了文化意义上坚定的自我，文化自信就有了根本依托。"文化主体性一方面既是文化生命体自我意识的觉醒，是文化生命体成就自身的前提；另一方面文化主体性又是文化生命体自我意识觉醒的结果，成为文化生命体更具生命主动性地继续成长壮大的动力。"[1]

第五，中华民族的文化主体性是如何建立起来的？

在向世界历史的转变中，文化主体性对于一个民族、一个国家的作用越来越重要。有了充分的文化主体性自觉，中华民族和中国人民就有了国家认同的坚实文化基础，这也是中国之为中国、中华民族之为中华民族的内在根据和纽带。

其一，中华民族的文化主体性，是中国共产党带领中国人民在中国大地上建立起来的。1840年鸦片战争以来，西方列强用枪炮冲开了中国大门，加速了晚清的没落和衰亡，中华民族进入国家蒙辱、人民蒙难、文明蒙尘的至暗

---

[1] 张志强：《深刻理解"第二个结合"的首创性意义》，《哲学研究》2023年第8期。

时刻。无数仁人志士奔走呼号，救亡图存是其共同心声。同时，不得不承认的是，当时的许多老百姓都很愚昧，缺乏民族意识、国家意识和人民观念。美国国家博物馆收藏有一张老照片，拍下的是1900年8月14日八国联军从广渠门的下水道攻入北京城的历史瞬间。八国联军由下水道爬上岸，京城的老百姓站在河沿，挽着手、抻着脖，平静地围观着，让人诧异。这样的场景在鲁迅的小说中多有描述，这也是鲁迅弃医从文的根本原因，改变中国人的精神比医治中国人的肉体更紧要。

1904年陈独秀在《说国家》中谈道："我十年以前，在家里读书的时候，天天只知道吃饭睡觉。就是发奋有为，也不过是念念文章，想骗几层功名，光耀门楣罢了。那知道国家是什么东西，和我有什么关系呢？到了甲午年，才听见人说有个什么日本国，把我们中国打败了。到了庚子年，又有什么英国、俄国、法国、德国、意国、美国、奥国、日本八国的联合军，把中国打败了。此时我才晓得，世界上的人，原来是分做一国一国的，此疆彼界，各不相下。"[①]当时绝大多数中国人的思想观念和陈独秀的自述一样，即主体意识和文化主体性是普遍缺乏的，未能形成广泛的思想自觉和文化自醒。

---

① 《陈独秀文集》第1卷，人民出版社2013年版，第37页。

"十月革命一声炮响，给中国送来了马克思列宁主义。在中国人民和中华民族的伟大觉醒中，在马克思列宁主义同中国工人运动的紧密结合中，中国共产党应运而生。中国产生了共产党，这是开天辟地的大事变，深刻改变了近代以后中华民族发展的方向和进程，深刻改变了中国人民和中华民族的前途和命运，深刻改变了世界发展的趋势和格局。"[1]中国共产党的诞生，彻底改变了中国人民的前途命运，彻底扭转了中华民族被动挨打的局面，这背后的一个重要原因在于彻底改变了中国人民和中华民族的精神面貌，唤醒了中国人的主体意识，坚持和坚守了中国人的文化主体性。

毛泽东指出："自从中国人学会了马克思列宁主义以后，中国人在精神上就由被动转入主动。从这时起，近代世界历史上那种看不起中国人，看不起中国文化的时代应当完结了。"[2]并且，他进一步指出："伟大的胜利的中国人民解放战争和人民大革命，已经复兴了并正在复兴着伟大的中国人民的文化。这种中国人民的文化，就其精神方面来说，已经超过了整个资本主义的世界。"[3]中国共产党

---

[1] 习近平：《在庆祝中国共产党成立100周年大会上的讲话》，人民出版社2021年版，第3页。
[2] 《毛泽东选集》第4卷，人民出版社1991年版，第1516页。
[3] 《毛泽东选集》第4卷，人民出版社1991年版，第1516页。

一百多年的发展历程深刻表明，党是领导一切事业的坚强核心，巩固和发展文化主体性，只有中国共产党带领中国人民才能在中国大地上干得成、干得好。

其二，中华民族的文化主体性，是在创造性转化、创新性发展中华优秀传统文化，继承革命文化，发展社会主义先进文化的基础上，借鉴吸收人类一切优秀文明成果的基础上建立起来的。文化主体性，从涵养的基础和内容看，不是别的，而是文化。我们的文化包括三大组成部分：中华优秀传统文化、革命文化和社会主义先进文化。"在5000多年文明发展中孕育的中华优秀传统文化，在党和人民伟大斗争中孕育的革命文化和社会主义先进文化，积淀着中华民族最深层的精神追求，代表着中华民族独特的精神标识。"[1]

中华优秀传统文化已融入中国人的血脉，内在影响着我们的精神气质和民族性格。中华民族在长期生产生活实践中形成的优秀传统文化，为中华民族的生息、发展、壮大提供了丰厚的精神滋养。譬如，"大道之行也，天下为公"的社会理想，"民为贵，社稷次之，君为轻"的民本思想，"苟利国家生死以，岂因祸福避趋之"的爱国精神，"先天下之忧而忧，后天下之乐而乐"的家国情怀，"以和

---

[1] 《习近平谈治国理政》第2卷，外文出版社2017年版，第36页。

为贵，和而不同"的处世哲学，"天人合一，道法自然"的生命境界，"朝闻道，夕死可矣"的求真态度，"革故鼎新，与时俱进"的改革精神，"己所不欲，勿施于人"的道德规范，"天行健，君子以自强不息"的奋进精神，"言必信，行必果"的行为规范，"诚意正心，格物致知"的心性修养，等等。正如何中华所认为的，以儒家为代表的中国传统文化，塑造了中国人的"中国性"，已经深入中国人的生命和血脉之中，成就了中国人在文化意义上的自我。[①] 这些精神品质和文化内涵需要创造性转化、创新性发展，符合现代社会和现代人的变化和需要。

革命文化是中国共产党领导人民在革命、建设、改革的历史中创造的。它蕴含着先进的科学理论、崇高的理想信念、不屈的革命意志、无私的为民情怀、艰苦奋斗的优良传统、不断革命的斗争精神，具有丰富的历史文化内涵。革命理想高于天，共产主义理想和中国特色社会主义信念是革命文化的灵魂。[②] 新民主主义革命时期，形成了建党精神、井冈山精神、苏区精神、长征精神、遵义会议精神、延安精神、西柏坡精神、沂蒙精神等。社会主义革

[①] 参见何中华《马克思与孔夫子：一个历史的相遇》，中国人民大学出版社2021年版，第4、32页。
[②] 参见范希春《在推进中国式现代化历史进程中大力弘扬革命文化》，《红旗文稿》2023年第6期。

命和建设时期,形成了抗美援朝精神、"两弹一星"精神、雷锋精神、焦裕禄精神、大庆精神(铁人精神)、红旗渠精神等。改革开放和社会主义现代化建设新时期,形成了特区精神、抗洪精神、抗击非典精神、抗震救灾精神、载人航天精神等。党的十八大以来,中国共产党团结带领中国人民,自信自强、守正创新,统揽伟大斗争、伟大工程、伟大事业、伟大梦想,创造了新时代中国特色社会主义的伟大成就,形成了脱贫攻坚精神、抗疫精神、"三牛"精神、科学家精神、企业家精神、探月精神、新时代北斗精神、丝路精神等。"革命精神承载着革命理想,是中国共产党人政治品格、优良传统和革命风范的高度概括,是革命文化的基本要素和经典标志,彰显着共产党人和革命群众的独特思想品质与精神风貌,是我们党的宝贵精神财富。"[①]

社会主义先进文化是指在社会主义建设过程中,为推动社会主义事业发展而形成的一种具有先进性、革命性和人民性的文化。它以马克思主义为指导,继承和弘扬中华优秀文化传统和五四运动以来形成的革命文化传统,吸收借鉴世界优秀文化成果,集中体现全国各族人民在新的历

[①] 范希春:《在推进中国式现代化历史进程中大力弘扬革命文化》,《红旗文稿》2023年第6期。

史条件下的精神追求，是始终代表着当代中国发展前进方向的文化。社会主义先进文化高度重视人民文化实践，彰显以人民为中心的价值导向，人民创造、人民参与、人民共享，以满足人民群众日益增长的精神文化需求为目标。

创造性转化、创新性发展中华优秀传统文化，继承革命文化，发展社会主义先进文化，还需要借鉴吸收人类一切优秀文明成果。时代的发展造就了我中有你、你中有我的世界格局，任何文化都不可能在"与世隔绝"的状态下存活。中华文明具有突出的创新性和包容性，这既是中华文化辉煌灿烂的原因，也是我们的文化主体性保持生机活力的原因。面对"两个大局"，我们要以更开放的姿态拥抱全世界，在世界文化交流激荡中不断巩固文化主体性。

其三，中华民族的文化主体性，是通过把马克思主义基本原理同中国具体实际、同中华优秀传统文化相结合建立起来的。"两个结合"是中国特色的关键所在，对于巩固和坚定文化主体性同样如此。习近平总书记指出："独特的文化传统，独特的历史命运，独特的基本国情，注定了我们必然要走适合自己特点的发展道路。"[1]建立中华民族的文化主体性，要以马克思主义为指导，植根于中华文化沃土、反映中国人民意愿、适应中国和时代发展进步

---

[1]《习近平谈治国理政》，外文出版社2014年版，第156页。

要求。坚持和运用马克思主义立场观点方法，坚持古为今用、洋为中用，有鉴别地加以对待，有扬弃地予以继承，取其精华、去其糟粕，用中华民族创造的一切精神财富以文化人、以文育人。

第十四个问题

如何理解"中华民族文化主体性的最有力体现"

习近平总书记明确指出:"'结合'巩固了文化主体性,创立新时代中国特色社会主义思想就是这一文化主体性的最有力体现。"① 创立习近平新时代中国特色社会主义思想,是中华民族文化主体性的最有力体现。

党的十九届六中全会通过的《中共中央关于党的百年奋斗重大成就和历史经验的决议》② 指出:"习近平同

---

① 《担负起新的文化使命 努力建设中华民族现代文明》,《人民日报》2023年6月3日。
② 《中共中央关于党的百年奋斗重大成就和历史经验的决议》是党的百年历史上的第三个历史决议,具有重大的历史性意义。第一个历史决议是1945年党的六届七中全会通过的《关于若干历史问题的决议》,"全党已经空前一致地认识了毛泽东同志的路线的正确性,空前自觉地团结在毛泽东的旗帜下了"(《毛泽东选集》第3卷,人民出版社1991年版,第998—999页)。

志对关系新时代党和国家事业发展的一系列重大理论和实践问题进行了深邃思考和科学判断,就新时代坚持和发展什么样的中国特色社会主义、怎样坚持和发展中国特色社会主义,建设什么样的社会主义现代化强国、怎样建设社会主义现代化强国,建设什么样的长期执政的马克思主义政党、怎样建设长期执政的马克思主义政党等重大时代课题,提出一系列原创性的治国理政新理念新思想新战略,是习近平新时代中国特色社会主义思想的主要创立者。习近平新时代中国特色社会主义思想是当代中国马克思主义、二十一世纪马克思主义,是中华文化和中国精神的时代精华,实现了马克思主义中国化新的飞跃。"[1]

党的十八大以来,以习近平同志为主要代表的中国共产党人,坚持把马克思主义基本原理同中国具体实际相结合、同中华优秀传统文化相结合,创立了习近平新时代中

第二个历史决议是 1981 年党的十一届六中全会通过的《关于建国以来党的若干历史问题的决议》,完成了党在指导思想上的拨乱反正,坚定改革开放和社会主义现代化建设的方向。2021 年是党的百年诞辰,第三个历史决议全面总结了百年奋斗的历史成就和经验,确立习近平同志党中央的核心、全党的核心地位,确立习近平新时代中国特色社会主义思想的指导地位,即"两个确立",对新时代党和国家事业发展、对推进中华民族伟大复兴历史进程具有决定性意义。

[1] 《中国共产党第十九届中央委员会第六次全体会议文件汇编》,人民出版社 2021 年版,第 48 页。

国特色社会主义思想,实现了马克思主义中国化时代化新的飞跃。从马克思主义发展史的角度看,习近平新时代中国特色社会主义思想是当代中国马克思主义、二十一世纪马克思主义。从中华文明发展史的角度看,习近平新时代中国特色社会主义思想是中华文化和中国精神时代精华。"两个结合"是习近平新时代中国特色社会主义思想形成和创立的根本途径;习近平新时代中国特色社会主义思想充分体现中华民族的文化主体性,是具有中国文化生命的当代马克思主义。

2021年7月1日,习近平总书记在庆祝中国共产党成立100周年大会上提出"坚持把马克思主义基本原理同中国具体实际相结合、同中华优秀传统文化相结合"①。2022年10月,党的二十大再次明确:"只有把马克思主义基本原理同中国具体实际相结合、同中华优秀传统文化相结合,坚持运用辩证唯物主义和历史唯物主义,才能正确回答时代和实践提出的重大问题,才能始终保持马克思主义的蓬勃生机和旺盛活力。"②"两个结合"的根本方法贯穿治

---

① 习近平:《在庆祝中国共产党成立100周年大会上的讲话》,人民出版社2021年版,第13页。
② 习近平:《高举中国特色社会主义伟大旗帜 为全面建设社会主义现代化国家而团结奋斗——在中国共产党第二十次全国代表大会上的报告》,人民出版社2022年版,第17页。

国理政的各方面全过程，贯穿实践创新和理论创新的各方面全过程。2023年6月2日，习近平总书记在文化传承发展座谈会上的重要讲话指出，我们一直强调把马克思主义基本原理同中国具体实际相结合，现在我们又明确提出"第二个结合"。我们只有立足五千多年的中华文明史，才能真正理解中国道路的历史必然、文化内涵和独特优势。

2023年6月30日，习近平总书记在二十届中央政治局第六次集体学习时强调，坚守好马克思主义魂脉和中华优秀传统文化根脉，是理论创新的基础和前提。作为马克思主义中国化时代化最新成果，习近平新时代中国特色社会主义思想既是对马克思主义魂脉和中华优秀传统文化根脉的坚守，又是对这一魂脉和根脉的当代发展。"我们必须坚持马克思主义这个立党立国、兴党兴国之本不动摇，坚持植根本国、本民族历史文化沃土发展马克思主义不停步，坚定历史自信、文化自信，坚持古为今用、推陈出新，以马克思主义为指导对中华五千多年文明宝库进行全面挖掘，用马克思主义激活中华优秀传统文化中富有生命力的优秀因子并赋予新的时代内涵，将中华民族的伟大精神和丰富智慧更深层次地注入马克思主义，有效把马克思主义思想精髓同中华优秀传统文化精华贯通起来，聚变为新的理论优势，不断攀登新的思想高峰。"① 马克思主义激活中华优秀传统文化，中华优秀传统文化滋养马克思主义，把马克思主义思想精髓同中华优秀传统文化精华贯通起来，也就是通过"第二个结合"，不断谱写新篇章。

中华民族文化主体性的核心在于，中国共产党、中华民族、马克思主义、中华文明内在一致。我们建设的中华民族现代文明，既是社会主义的现代文明，也是中华文明的现代形态。我们开创的人类文明新形态，既是社会主义的文明形态，也是中华文明的现代形态，即中华民族现代文明。回过头再看，习近平新时代中国特色社会主义思想是当代中国马克思主义、二十一世纪马克思主义，是中华文化和中国精神的时代精华，已然表明这是基于"两个结合"特别是"第二个结合"的党的最新理论创新成果，开辟了马克思主义中国化时代化新境界。因此，创立习近平新时代中国特色社会主义思想，是中华民族文化主体性的最有力体现。

---

① 《不断深化对党的理论创新的规律性认识　在新时代新征程上取得更为丰硕的理论创新成果》，《人民日报》2023年7月2日。

第十五个问题

如何理解新时代关于文化建设的规律性认识

新时代以来,以习近平同志为核心的党中央在领导党和人民推进治国理政的伟大实践中,把文化建设摆在全局工作的重要位置。经过十多年的不懈努力,文化传承发展呈现出新的气象、开创了新的局面,社会主义文化强国建设取得突出成就、迈出坚实步伐。在这一过程中,我们党不断深化对文化建设的规律性认识,提出一系列新思想新观点新论断。习近平总书记在文化传承发展座谈会上全面系统地概括为"十四个强调"。① 这"十四个强调"涵盖了

---

① "十四个强调"包括:"强调坚持和加强党对宣传思想文化工作的全面领导,担负起新的文化使命,建设社会主义文化强国,铸就社会主义文化新辉煌;强调坚持马克思主义在意识形态领域指导地位的根本制度,推进马克思主义中国化时代化,建设具有强大凝聚力和引领力的社会主义意识形态;强调坚持文化自信,推动社会主义文化繁荣兴盛,建设中华民族现代文明;强

文化建设的各领域和全过程，既有整体性的原则遵循又有各个领域的重要任务，既有全局性的战略部署又有各个方面的重大举措，是新时代党领导文化建设实践经验的理论总结，是对马克思主义文化观的原创性贡献，为社会主义文化强国建设提供了根本遵循。① 对于哲学社会科学工作者来说，至少需要着重把握以下几点。

第一，坚持和加强党对宣传思想文化工作的全面领

调以社会主义核心价值观引领文化建设，广泛开展中国特色社会主义和中国梦宣传教育，使全体人民在理想信念、价值理念、道德观念上紧紧团结在一起；强调加快构建中国特色哲学社会科学，以我国实际为研究起点，阐释中国道路、解读中国实践、构建中国理论；强调推动中华优秀传统文化创造性转化、创新性发展，让中华文化展现出永久魅力和时代风采；强调提高新闻舆论传播力引导力影响力公信力，弘扬主旋律、传播正能量，巩固壮大奋进新时代的主流思想舆论；强调坚持以人民为中心的创作导向，把社会效益放在首位，推出更多增强人民精神力量的优秀作品；强调要像爱惜自己的生命一样保护历史文化遗产，加强文物保护利用和文化遗产保护传承，守护好中华文脉；强调中国式现代化是物质文明和精神文明相协调的现代化，能促进全体人民精神生活共同富裕，促进人的全面发展；强调铸牢中华民族共同体意识，建设中华民族共有精神家园；强调过不了互联网这一关就过不了长期执政这一关，要把互联网这个变量变成事业发展的增量，培育积极健康向上向善的网络文化，建设网络文明；强调提升国家文化软实力和中华文化影响力，加强国际传播能力建设，讲好中国故事，推动中华文化更好走向世界；强调弘扬全人类共同价值，落实全球文明倡议，推动文明交流互鉴，丰富世界文明百花园，等等。"参见《赓续历史文脉 谱写当代华章——习近平总书记考察中国国家版本馆和中国历史研究院并出席文化传承发展座谈会纪实》，《人民日报》2023 年 6 月 4 日。

① 参见中共中国社会科学院党组《建设中华民族现代文明的行动指南》，《人民日报》2023 年 6 月 14 日。

导，坚持马克思主义在意识形态领域的指导地位，担负起新的文化使命，建设社会主义文化强国，铸就社会主义文化新辉煌。事在四方，要在中央，必须坚持和加强党的全面领导。"中国特色社会主义最本质的特征是中国共产党领导，中国特色社会主义制度的最大优势是中国共产党领导，党是最高政治领导力量。"①党的十八大以来，党和国家事业之所以能够取得历史性成就、发生历史性变革，最根本的原因就在于以习近平同志为核心的党中央的坚强领导，就在于习近平新时代中国特色社会主义思想的科学指引。马克思在谈到社会生产、社会劳动时指出："一切规模较大的直接社会劳动或共同劳动，都或多或少地需要指挥，以协调个人的活动，并执行生产总体的运动——不同于这一总体的独立器官的运动——所产生的各种一般职能。一个单独的提琴手是自己指挥自己，一个乐队就需要一个乐队指挥。"②习近平总书记强调："党中央是大脑和中枢，党中央必须有定于一尊、一锤定音的权威，这样才能'如身使臂，如臂使指，叱咤变化，无有留难，则天下之势一矣'。"③中国共产党是富于文化自觉、担当文明使命的

---

① 《习近平著作选读》第 2 卷，人民出版社 2023 年版，第 16 页。
② 《马克思恩格斯文集》第 5 卷，人民出版社 2009 年版，第 384 页。
③ 《习近平谈治国理政》第 3 卷，外文出版社 2020 年版，第 86 页。

马克思主义政党，必须坚持党对文化和意识形态建设的领导权，加强对意识形态领域错误思潮的批驳，坚定不移走中国特色社会主义文化发展道路，发展面向现代化、面向世界、面向未来的，民族的科学的大众的社会主义文化，激发全民族文化创新创造活力，增强实现中华民族伟大复兴的精神力量。

第二，以社会主义核心价值观引领文化建设，使全体人民在理想信念、价值理念、道德观念上紧紧团结在一起。十三届全国人大一次会议表决通过《中华人民共和国宪法》修正案，将"倡导社会主义核心价值观"写入宪法，强化为国家意志，成为当代中国精神的集中体现。文化的根本是核心价值观，文化的影响力根本在于核心价值观的影响力；核心价值观是文化软实力的灵魂，决定文化的性质和方向。没有共同的核心价值观，民族、国家就会魂无所依、行无所归。我国有56个民族，14亿多人口，在国际形势风云变幻的情况下，要把广大人民的思想意志凝聚好，使中华民族在世界文化激荡中站稳脚跟，就必须充分发挥核心价值观的统摄、引领、整合作用。在文化建设中，我们要以社会主义核心价值观为引领，传承中华优秀传统文化、弘扬革命文化、发展社会主义先进文化，不断巩固全党全国各族人民团结奋斗的共同思想基础。

第三，加快构建中国特色哲学社会科学，以中国实际为研究起点，阐释中国道路，解读中国实践，构建中国理论。其一，习近平新时代中国特色社会主义思想是中国特色哲学社会科学的旗帜和灵魂，要持续深化对习近平新时代中国特色社会主义思想的整体性系统性学理性研究阐释。哲学是思想性的学科，是关于思想的思想；哲学是理论性的学科，是关于理论的理论。关于习近平新时代中国特色社会主义思想所涉及的具体领域的研究，交给了各具体学科，譬如经济、政治、文化、社会、生态等，而整体把握、系统把握、基础性前提性把握，哲学需要发挥更大作用。其二，要深化中华民族现代文明研究，推动知识创新、理论创新和方法创新，使中华民族现代文明研究充分体现中国特色、中国风格、中国气派。"中华民族现代文明"这一概念不属于某一具体学科，具有极强的综合性、开放性和包容性。关于中华民族现代文明的研究必须依赖多学科协同攻关，不仅涉及历史、考古、哲学、文学等基础学科，而且涉及经济、社会、政法、国际关系等全部哲学社会科学。其三，要坚持问题导向，促进自然科学与哲学社会科学融合发展。随着人工智能、大数据、"云"技术、量子力学、区块链、脑机接口等当代科技突飞猛进，人类社会发展进程受到巨大影响，甚至有可能加速推进社会形态的变革。如何把握、利用这些新科技，成为影响人类文明进程和世界文明格局的关键性变量。以 ChatGPT 为例，仅就科研来说，大量的"低水平重复"研究肯定将被取代，并且随着人工智能自主学习能力的指数级增长，就会面临"人不如机"的窘境。这些具有普遍性、根本性的全人类问题，亟待我们的哲学社会科学去解答。如果对 ChatGPT 一无所知、对人工智能一无所知，那么就很难澄清、回答这些问题。其四，要鼓励学者大胆探索，百花齐放、百家争鸣，支持和保护学派的形成和发展，推出一批代表我国哲学社会科学最高水平的精品力作。

第四，推动中华优秀传统文化创造性转化、创新性发展，让中华文化展现出永久魅力和时代风采。当代中国是历史中国的延续和发展，新时代文化建设的重要任务就是夯实文明根基、赓续历史文脉。中华优秀传统文化的现实载体很多，譬如，在浩如烟海的典籍里，在街巷街区的历史文化遗存中，在琴棋书画的技艺里，在一箪食一瓢饮的生活细节处……承载着中华民族的基因和血脉。要让中华优秀传统文化"活"起来，深入寻常百姓家。要坚持古为今用、推陈出新，有鉴别地加以对待，有扬弃地予以继承，不忘本来、吸收外来、面向未来，发展出中华文化的现代形态。

第五，提升国家文化软实力和中华文化影响力，推动文明交流互鉴，推动中华文化更好走向世界，丰富世界文明百花园。2007年，党的十七大报告指出"提高国家文化软实力"，这是党的代表大会首次提出"文化软实力"这一概念。党的二十大报告明确提出"不断提升国家文化软实力和中华文化影响力"。而"软实力"这个概念最早是由美国哈佛大学肯尼迪政府学院院长、美国前副国务卿约瑟夫·奈在1990年提出的，把"软实力"与"硬实力"并驾齐驱，文化、价值观念、外交政策是"力量的另一面"。"硬实力"使一个国家强大，"软实力"使一个国家伟大。国家文化软实力与中华文化影响力是内在一致的，具体包括传播当代中国价值观念、展现中华文化独特魅力、塑造良好国家形象、提供国际话语权等内容。要加强国际传播能力建设，深化国际传播理论研究，创新国际传播方式方法，提高塑造国家形象、影响国际舆论、改变世界格局的文化能力。要加快构建中国话语和中国叙事体系，讲好中国故事，推动中华文化更好走向世界，广泛参与世界文明对话，形成与综合国力和国家地位相匹配的国际话语权。

第十六个问题

如何理解坚定文化自信

对于如何担负起新时代新的文化使命，习近平总书记在文化传承发展座谈会上提出三点原则要求，第一条就是"坚定文化自信"。这是饱含深意的。党的十八大以来，习近平总书记在多个场合提到"文化自信"，传递出他的文化理念和文化观。"坚定中国特色社会主义道路自信、理论自信、制度自信，说到底是要坚定文化自信。文化自信是更基本、更深沉、更持久的力量。"[1]从"三个自信"到"四个自信"，最根本的还是文化自信，"其本质是建立在5000多年文明传承基础上的文化自信"[2]。文化自信是一个民族、一个国家以及一个政党对自身所禀赋和拥有的文化

---

[1] 习近平：《在哲学社会科学工作座谈会上的讲话》，人民出版社2016年版，第17页。
[2] 《习近平谈文化自信》，《人民日报》（海外版）2016年7月13日。

价值的充分肯定和积极践行,并对其文化的生命力保持坚定的信心和发展的希望。推动文化繁荣、建设文化强国、建设中华民族现代文明,首要的是坚定文化自信。

第一,文化自信的前提是文化自觉。"文化是一个国家、一个民族的灵魂。"[①]文明需要文化为其奠定思想根基,提供精神动能,赋予智慧方法。文化自觉主要是指一个民族、一个国家、一个政党在文化上的觉悟和觉醒,具体包括对文化在历史进步中地位作用的深刻认识,对文化发展规律的正确把握,对发展文化历史责任的主动担当。一个民族、一个国家的觉醒,首先是文化上的觉醒,也就是文化主体性、自我身份的觉醒;一个政党的力量,很大程度上取决于文化自觉的程度,取决于唤起广大人民群众文化主体性和自我身份的觉醒和认同。换言之,没有文化自觉,是不可能有文化自信的,民族、国家、政党也不会有未来。从文化建设来看,文化自觉是一种内在的精神力量,是对文明进步的强烈向往和不懈追求,是推动文化繁荣发展的思想基础和先决条件。我们要更加自觉地承担起用先进文化引领社会进步的责任,要更加自觉地承担起传承中华优秀传统文化的责任,要更加自觉地承担起满足人民群众日益增长的精神文化需求的责任,要更加自觉地承

---

① 《习近平谈治国理政》第3卷,外文出版社2020年版,第32页。

担起提高国家文化软实力、维护国家文化安全的责任。①

第二，文化自信才能文化自强。文化自觉、文化自信，最终目的还是要实现文化自强。"自"，就是立足自己的实际，依靠自己的力量，突出自己的特色，走自己的文化发展道路。"强"，就是要使我们的文化具有强大的吸引力影响力、强大的活力创造力、强大的实力竞争力，把我国建设成社会主义文化强国。②文化自信的底气来自历经数千年而绵延不绝、迭遭忧患而经久不衰的中华文明，文化自强的根本依靠是广大人民群众。正如前文所讲到的，中华文明源远流长、博大精深、历久弥新。它是世界上唯一绵延不断，以国家形态传承至今的伟大文明，具有突出的连续性；它是革故鼎新、与时俱进、自强不息的文明，具有突出的创新性；它是多元一体、向内凝聚、团结集中的大一统文明，具有突出的统一性；它是多元汇聚、兼收并蓄、开放交流的文明，具有突出的包容性；它是万物并育、求同存异、和而不同的文明，具有突出的和平性。中华民族在几千年历史中创造和延续的中华优秀传统文化，是中华民族的根和魂。坚定文化自信，让中国更有底气；

---

① 参见云杉《文化自觉 文化自信 文化自强——对繁荣发展中国特色社会主义文化的思考》上，《红旗文稿》2010年第15期。

② 参见云杉《文化自觉 文化自信 文化自强——对繁荣发展中国特色社会主义文化的思考》下，《红旗文稿》2010年第17期。

五千多年的中华文明史，让文化自信更有底气。自信才能自强，文化自强的根本力量还是来自最广大的人民群众。唯物史观认为，人民群众是物质财富的创造者，也是精神财富的创造者，还是社会变革的决定力量。对于文化建设来说，同样如此。人民群众不仅创造文化，而且传承发展文化。如果一种文化脱离群众、远离群众，那么必将行之不远。建设文化强国，必须坚持以人民为中心的价值导向，以促进全体人民精神生活共同富裕、促进人的全面发展为目标。

第三，有文化自信的民族，才能立得住、站得稳、行得远，坚定文化自信就是坚持走自己的路。"文化自信是一个国家、一个民族发展中更基本、更深沉、更持久的力量。"[①]脚踏中华大地，传承中华文明，走符合中国国情的正确道路，我们具有无比强大的前进定力。中华文明的连续性，从根本上决定了中华民族必然走自己的路；中国共产党的百年奋斗历程表明，只有走自己的路，我们的事业才有前途和希望。坚定文化自信是坚持和发展中国特色社会主义道路的内在要求和精神动力。

第四，坚定文化自信的首要任务，就是实现精神上的独立自主。"实事求是、群众路线、独立自主"被称为

---

① 《习近平谈治国理政》第3卷，外文出版社2020年版，第18页。

毛泽东思想的活的灵魂的三个基本方面。坚持独立自主，就是坚持中国的事情必须由中国人民自己作主张，自己来处理；就是要坚持独立思考，走自己的路，把立足点放在依靠自己力量的基础上。这正如毛泽东在《反对本本主义》中指出，"中国革命斗争的胜利要靠中国同志了解中国情况"[①]。坚定文化自信的首要任务，就是立足中华民族伟大历史实践和当代实践，用中国道路总结好中国经验，把中国经验提升为中国理论，既不盲从各种教条，也不照搬外国理论，实现精神上的独立自主。[②]我们要始终坚持对中国特色社会主义文化的自信，在与世界文化的交流、交融、交锋中，坚守中华文化立场，强化价值引领、激发奋斗精神，不断增强全民族的凝聚力、向心力、创造力，为中华民族伟大复兴提供坚守正道的定力、勇毅前行的动力、变革创新的活力。

[①] 《毛泽东选集》第1卷，人民出版社1991年版，第115页。
[②] 参见《担负起新的文化使命 努力建设中华民族现代文明》，《人民日报》2023年6月3日。

第十七个问题

如何理解秉持开放包容

"秉持开放包容"是担负新时代新的文化使命的第二条原则要求。"有容,德乃大。"中华文明的博大气象,就得益于中华文化自古以来开放的姿态、包容的胸怀。几千年来,中国从来没有停下学习借鉴域外文化的脚步,有人凿空西域以通大道,有人不远万里以求佛法,有人远渡重洋以播文明,开放包容始终是中华文化发展的主流。

第一,开放包容是文化发展的必要条件,也是文化自信的显著标志。世界文化多元多样,各有所长。只有汲取百家之精华,才能更好地促进本国文化的发展;如果搞自我封闭、排斥外来,就会失去发展的活力,甚至走向衰亡。中华文化有博采众长、兼收并蓄的传统。春秋战国时期,百家争鸣、群星闪耀,各种思想学说既相互竞争又相互借鉴，五色交辉、相得益彰，就展现了海纳百川的底色。汉唐时期，中华文化灿烂辉煌。鲁迅先生对此评价说，那时的中国人有一种"放开度量，大胆地，无畏地，将新文化尽量地吸收"的气魄[1]，"对于别系文化抱有极恢廓与精严的抉择，决不轻易地崇拜或轻易地唾弃"[2]。对自身文化的高度自信，就必然会一方面敞开胸襟，集千古之智、采万方之长；另一方面坚守文化主体性，以"我"为主，为"我"所用。因此，越开放越包容，越能彰显文化自信。

第二，更加积极主动地学习借鉴人类创造的一切优秀文明成果。世界上有200多个国家和地区、2500多个民族、多种宗教，不同历史和国情，不同民族和习俗，孕育了千姿百态、风格迥异的文化，构成了丰富多彩、神奇美妙的世界。每一个国家的文化，都以自己的方式为世界文明作出贡献，都是人类共有的精神财富。文明因交流而多彩，文明因互鉴而丰富。要更加积极主动地学习人类一切优秀文明成果，全面了解世界各地区的历史文化传统和丰富文化创造，取长补短、采英撷华。要更加深入广泛地开展国际人文交流，落实全球文明倡议，弘扬全人类共同价

---

[1] 参见鲁迅《坟》，北京联合出版公司2014年版，第154—158页。
[2] 孙伏园：《鲁迅先生二三事》，湖南人民出版社1980年版，第23页。

值，构建人类命运共同体。

第三，融通中外、贯通古今，破解"古今中西之争"。所谓"古今中西之争"，就是近代以来关于"中国道路"之争，古代中国如何走出自己的现代之路，是用古今之别取代中西之争，还是用中西之争取代古今之别，归根到底是照搬西方，还是实现传统的创造性转化、创新性发展。将中西之别简单化为古今之间的差别，意味着古代中国必然走向西方代表的现代，这是把西方的现代看成是普遍进化的未来，是把照搬西方看成是普遍规律的进化结果。将古今之别简单化为中西之间的对立，意味着古老中国是停滞的，没有创造自身未来的能力。这两条道路都未能彻底解决古今中西之间的问题，都不是回答"中国向何处去"的答案。破解"古今中西之争"的根本条件在于，是否能够真正确立起文化主体性。"中国向何处去"的问题，归根结底是中国能否走出自己道路的问题。破解"古今中西之争"的结果，就是从古老文明的自我更化中创造出中华民族现代文明，创造出熔铸古今、汇通中西的文化成果。①

"万物并育而不相害，道并行而不相悖。"文化的繁

---

① 参见张志强《深刻理解"第二个结合"的首创性意义》，《哲学研究》2023年第8期。

荣，文明的进步，离不开求同存异、开放包容、交流互鉴。我们"要秉持开放包容，坚持马克思主义中国化时代化，传承发展中华优秀传统文化，促进外来文化本土化，不断培育和创造新时代中国特色社会主义文化"。[①]

[①]《担负起新的文化使命 努力建设中华民族现代文明》,《人民日报》2023年6月3日。

第十八个问题

如何理解坚持守正创新

"坚持守正创新"是担负新时代新的文化使命的第三条原则要求。"终始惟一，时乃日新。"(《尚书·商书》)对文化建设来说，守正才能不迷失自我、不迷失方向，创新才能把握时代、引领时代。守正与创新是辩证统一、相辅相成的。守正是创新的前提和基础，偏离正道、迷失主体的创新，就会像无根的浮萍，随波逐流；创新是守正的目的和路径，墨守成规、食古不化只会被时代所抛弃。那么，我们应该守什么正、创什么新？

守正，守的是马克思主义在意识形态领域指导地位的根本制度，守的是"两个结合"的根本要求，守的是中国共产党的文化领导权和中华民族的文化主体性。习近平总书记强调："我们决不能抛弃马克思主义这个魂脉，决不能抛弃中华优秀传统文化这个根脉。"①我们要坚守马克思主义之正，坚持马克思主义基本原理和立场观点方法，坚定共产主义远大理想和中国特色社会主义共同理想，始终做习近平新时代中国特色社会主义思想的坚定信仰者、忠实践行者。我们要坚守中华优秀传统文化之正，强化文明主体意识，坚定笃志弘道追求，增强刚健有为自觉，发扬革故鼎新精神，传承天下为公思想，养浩然之气、通古今之变、建当世之功。

创新，创的是新思路、新话语、新机制、新形式，要在马克思主义指导下做到古为今用、洋为中用、辩证取舍、推陈出新，实现传统与现代的有机衔接。要树立大历史观、开阔文明视野，立足时代发展进程、植根中华文化沃土，坚持创造性转化、创新性发展，深入挖掘中华优秀传统文化的思想精华和价值内核，珍视文化遗产、传承历史文脉，在适应时代需要中丰富文化内容形式，在融入实践发展中推进文化创新创造，进而推动实现中华优秀传统文化的现代转型，推动实现五千多年的中华文明的自我更新。

坚持守正创新，丰富和发展了马克思主义的实践认识

---

① 《不断深化对党的理论创新的规律性认识　在新时代新征程上取得更为丰硕的理论创新成果》，《人民日报》2023年7月2日。

论。马克思认为:"人的思维是否具有客观的真理性,这不是一个理论问题,而是一个实践问题。"① 我们要在实践中检验理论的真理性,并使其不断丰富和发展。马克思主义是具体的、历史的,不是机械的重复的教条,这根源于马克思主义的实践认识论,体现了"变"与"不变"、继承与发展、原则性与创造性的辩证统一。新时代新征程上,我们必须"以守正创新的正气和锐气,赓续历史文脉、谱写当代华章"②。

---

① 《马克思恩格斯文集》第 1 卷,人民出版社 2009 年版,第 500 页。
② 《担负起新的文化使命　努力建设中华民族现代文明》,《人民日报》2023 年 6 月 3 日。